당신, 뭐야?

일러두기

· 원서에서 고딕체로 강조된 곳은 명조 볼드체로 표시했다.
· 본문에 첨자로 부여한 곳은 옮긴이의 것이다.
· 일부 인명과 화폐 단위는 한국 설정에 맞게 수정하였다.

오늘도 참고 버티며
언젠가를 기다리는 당신에게

당신,
뭐야?

나리 지음
김한결 옮김

오리진하우스
ORIGIN HOUSE

나리
심리학
운세

보기 예: 11월 3일(생); 높은 곳에서 모든 것을 내려보는 우주인

☐ **1 JANUARY** — 너무 솔직한

☐ **2 FEBRUARY** — 천재적인

☐ **3 MARCH** — 정말 상냥한

☐ **4 APRIL** — 행동력이 뛰어난

☐ **5 MAY** — 매우 민감한

☐ **6 JUNE** — 유전자가 너무 좋아 사랑받는

☐ **7 JULY** — 남을 미소 짓게 하는

☐ **8 AUGUST** — 지금 이 순간을 최고로 즐기는

☐ **9 SEPTEMBER** — 남을 사로잡는 미학을 가진

☐ **10 OCTOBER** — 균형 감각이 우수한

☐ **11 NOVEMBER** — 높은 곳에서 모든 것을 내려보는

☐ **12 DECEMBER** — 낭만적인

※ "그래, 맞다 맞아!" 하고 생각한다면 171쪽으로!

너야말로 뭐야?

"당신, 뭐야?"

"뭐? 뭐냐고?
이 자식, 너야말로 뭐 하자는 거야!"
이 책의 제목을 보고 기타노 다케시 감독의 영화 〈아웃레이지〉
속 야쿠자처럼(한국의 독자라면 영화 〈범죄도시〉의 장첸〈윤계상 분〉처럼)
호통을 치는 사람이 있다면…….
어쨌든 내 모든 정성을 담아 진심으로 사죄하고 싶다.

형님, 죄송합니다. 절대 그런 의도가 아닙니다!
잘못했습니다! 거들먹거릴 생각은 추호도 없었습니다!

아, 하지만!

책을 덮어버리는 것만은 조금 참아주세요!

실제로 나는 《당신, 뭐야?》라는 이 강렬한 제목의 책을 떨면서 쓰고 있다. 도발적으로 받아들여지리라는 것을 알기 때문이다. 하지만 동시에 '뭐야, 너야말로 뭐 하자는 거야? 이런 애송이 주제에!' 하고 생각하는 사람이 있다면, 그 사람이야말로 이 책을 읽어주었으면 한다.

만약 정말로 《당신, 뭐야?》라는 제목을 보고 짜증스럽거나 떨떠름하거나 불끈 화가 난다면 거기에는 그 사람의 인생을 더욱 좋아지게 변화시킬 어떤 징후가 숨어있을 가능성이 높기 때문이다.

사실 '짜증' '찜찜함' '화'를 불러일으키는 것은
자신에 대한 강한 자기부정이다.

듣고 화가 난다는 건, 사실⋯⋯

자신을 인정하고 자기긍정감이 높은 사람은 "당신, 뭐야?"라는 말을 들어도 딱히 불끈 화가 나거나 울컥하지 않는다. 애초에 상관도 하지 않는다. 그것이 자신을 향한 비난이라고는 도저히 생각할 수 없으므로 "재미있는 녀석이네!" 정도로 넘어간다.

그 자리에서 "나는 나다!" "야옹~난 야옹이야." 하고 싱거운 농담을 하거나 상대에 따라서는 자연스럽게 무시한다. 그런데 자신을 부정하는 사람은 "뭐야 너, 누굴 바보 취급 하는 거야!" 하고 폭발해버리기 쉽다. 자신을 공격하거나 낮잡아 보았다고 생각하기 때문이다.

바보 취급당했다고 생각할 때, 사실 그것은 스스로 자신을 바보 취급 하고 있는 것이다. 자신을 바보 취급 할 수 있는 사람은 언제나 자신뿐이다.

듣고서 화가 난다는 건, 실제로 맞는 말이거나 감추고 있었는데 들켜버린 것이다. 얼토당토않은 말에는 별로 화가 나지 않는 법이다.

스스로 자신을 어떻게 보고 있는가.

극단적으로 말해서

자신을 '다이아몬드'라고 생각하는가,
아니면 '흔한 돌멩이'라고 생각하는가.

자신의 가치를 어떻게 느끼는가.

그 차이가 "당신, 뭐야?"에 대한 반응을 결정짓고 사람에 따라 정반대 반응을 끌어낸다.

참고로, 자신을 다이아몬드로 생각한다는 건 이런 것이다.

"나는 이미 만점이야."

"지금처럼 웃으면 돼."

"지금 여기가 바로 내 자리야."

"나는 이대로도 아주 멋져."

"나는 바뀌지 않아도 괜찮아."

"나는 이미 필요한 존재야."

"나는 존재만으로 가치 있어."

"앞으로 인생을 마음껏 즐겨도 좋아."

"다른 누구에게 아무것도 주지 않아도 돼, 이미 주고 있으니까."

"문제를 해결하지 않아도 괜찮아."

"이 세상에 적은 없어."

"누구에게도 원망 받지 않고, 나도 누구를 원망하지 않아."

"꿈은 이루어질 테고, 혹여 이루어지지 않는대도 언제나 즐거워."

자신을 돌멩이라고 생각하면 이와 정반대로 살게 된다. 즉 인생이 전혀 다르게 흘러간다. 이는 내가 '마음'을 공부하고, 뜻대로 되지 않는 인생에 관한 산더미처럼 쏟아지는 질문들에 답하면서 확신하게 된 사실이다.

만사가 술술 잘 풀리는지 아닌지, 인간관계가 원만한지 아닌지는 물론 일상생활에서 경험하는 사소한 감정과 습관까지 모두 '스스로 자신을 다이아몬드로 생각하는지, 돌멩이로 생각하는지'에 달려있고, 그에 따라 결과는 완전히 달라진다.

나는 3만 명이 넘는 사람들을 통해 이 법칙이 정답이라는 사실을 확인했다.

세상에서 가장 웃긴 심리학

새삼스럽게 내 소개를 하자면, 나는 '나리심리학'을 주창한 나리다. 심리학으로 인생을 즐겁게 변화시키는 데 도움을 주고자 힘쓰고 있다.

아니, 도움을 준다느니 하는 고상한 일을 한다기보다, 굳이 말하자면 미간에 주름을 잡고 지나치게 심각해져 있는 사람의 마음에 조금이나마 시원한 바람이 불도록 구멍을 내주고 그것을 함께 즐기는 느낌이랄까.

내 블로그를 방문해주시는 분들, 메일 매거진(전자우편을 통해 받아보는 잡지)을 읽어주시는 분들, LINE@(모바일 메신저를 통해 다수의 사람에게 정보를 발신하는 서비스)을 구독해주시는 분들……. 얼굴에 피어싱을 하고 뾰족하게 날 선 모습으로 예술가를 꿈꾸던 시절에는 감히 상상도 할 수 없었던 사람들과 연결 고리가 생기면서, 나는 다양한 사람의 마음을 들여다보고 그들의 인생이 변화되어가는 모습을 지켜볼 수 있었다.

그렇다면 나리심리학이란 대체 뭘까? 나 자신도 막상 답하려니 말문이 막히는데, 누군가 '세상에서 가장 친근하고 솔직한 심리학'이라고 말해준 적이 있다. 음, 듣고 보니 정말 그럴지도 모르겠다.

나리심리학을 주창한 나는 음악전문학교 졸업에 자격증도, 경험도, 스승도 없고, 관련 단체의 후원이나 조직과의 연계도 전혀 없다.

"뭔가 이제까지 배운 심리학과 다른데?"

"이거 엄청나게 웃기잖아."

"웃고 떠드는 사이에 어쩐지 눈앞의 풍경이 달라진 것 같아!"

아무런 설득력도 없는 경력이지만, 처음 내 말에 귀 기울여 준 사람들이 이렇게 제멋대로 이해해주고, 다른 사람에게 소개해주고, 함께 즐겨주는 사이 점점 동지가 늘어나 지금의 나리 심리학이 되었다.

심리학이라고 하지만 기본적으로 블로그와 LINE@에서 하는 일은 마음껏 실없는 농담을 늘어놓는 것이다. 그리고 실컷 면박을 주기도 한다. 옆에서 보고 있으면 자기도 모르게 "어이어이, 이봐 나리 씨, 괜찮겠어?" 하고 말할 정도로 말이다(이번에는 책이라서 그 부분은 조금 자제했다).

실컷 장난치고 농담하고 놀리고 면박을 주는데, 사실 여기에는 이유가 있다. 상담을 받는 사람은 대부분 인생이 잘 풀리지 않는 사람이다. 인생이 꼬여있는 사람은 무엇보다 잘 웃지 않는다.

일단 나는 거기에 숨통을 틔워주고 싶다.

저기 말이야, 무슨 기분인지는 알겠는데
인생을 너무 심각하게 생각하는 거 아니야?

문제를 해결하는 데 진지한 건 좋지만 심각하면 안 된다. 심각해지기보다 일단 재미있게 접근해야 한다.

'살아있다는 실감의 농도'는 어느 정도?

다이아몬드인가, 돌멩이인가?

그 생각의 차이가 인생을 가른다. 나리심리학에서는 다이아몬드라고 생각하는 정도를 주스의 농도로 예를 들어 표현한다.

자신을 다이아몬드라고 생각하는 사람은 과즙의 농도가 짙다. 반대로 돌멩이라고 생각하는 사람은 과즙의 농도가 옅다. 자신은 과즙 100%의 진한 주스인가, 아니면 물 탄 듯 밍밍한 주스인가.

태어난 지 얼마 안 된 아기는 자신은 모르겠지만 자기긍정감이 100% 가득 차 있다. 존재 그 자체가 진하다. 과즙 100% 주스처럼 아주 진한 농도. 그것이 아기의 존재다.

"살아있어도 괜찮아."

"지금 이대로 충분해."

"나는 멋져."

"나는 훌륭해."

"모든 것이 완벽해."

이렇게 존재 그 자체를 온전히 긍정하고, 살아있다는 사실만으로 기쁘고 힘이 솟으며, 적극적으로 행동하고, 잘 웃고 원하는 만큼 울며, 사랑하고 사랑받으며, 행복으로 가득 찬 매일을 보낸다.

그대로 쭉 성장하면 틀림없이 더 행복해질 텐데, 어째서 "나는 틀렸어." "나 따위 아무것도 할 수 없어." "변해야만 해." 하고 생각하는 어른이 많아지는 걸까.

이는 성장하면서 쏟아지는 말들에 의해 자기긍정감이 낮아지고, 점점 존재가 희미한 사람이 되어가기 때문이다.

"그러면 안 돼."

"왜 늘 그 모양이니?"

"왜 그런 일을 했어?"

"넌 어차피 못 해."

"보나 마나 안 될 거야."

"착각하지 마."

"제대로 좀 해."

"봐, 역시 무리잖아."

"하라는 대로 해."

이렇게 부모님과 주변 사람들로부터 자신의 존재를 희미하게 하는 말을 들으면, 살아있다는 실감의 농도가 점점 엷어진다. 계속 엷어지다가 결국에는 물처럼 투명해진다.

"으악, 싱거워! 이 주스 꼭 물 같아!" 하는 상태다.

다시 말해,

존재가 희미해져

결국에는 자신이 사라져버린 듯한 상태가 된다.

바로 이것이 존재가 희미하고 살아있다는 실감의 농도가 엷은 상태다.

"여긴 내가 있을 자리가 아니야."

"나는 사랑받지 못할 거야."

"지금의 나는 너무 부족해."

"분명 난 할 수 없을 거야."

존재가 희미해지면, 이처럼 강한 자기부정에 사로잡힌다. 그러면 문자 그대로 죽음을 선택할 수도 있고, 사람을 무서워하거나 니트족(공부도 취업도 포기한 청년 무직자)이 되거나, 어쨌든 자신의 존재를 감추고 살아가게 될지도 모른다.

만약 사회생활을 한다 해도, 자기주장을 하지 못하고 자신의 감정을 겉으로 드러내는 데 서툴러 늘 참으며 자신을 억누르는 인생을 살 것이다.

즉, 그것은 모든 것에 허락을 구하는 인생이다.

"나는 이대로 괜찮을까?"

"나는 지금 뭘 하면 좋을까?"

"나에게 그런 자격이 있을까?"

"이런 일을 해도 용서받을까?"

"조금 양해를 구해도 될까?"

"내가 필요할까?"

"내가 여기에 있어도 괜찮을까?"

"나를 어떻게 생각할까?"

"무서운 일이 일어나진 않을까?"

무엇을 하든 남의 눈치를 살피고 주변의 의견에 휘둘리며, 자기 인생 전체가 누군가의 시선 앞에 있어 허락을 받지 않고서는 움직이지 못한다. 허락을 받아도 다시 또 다른 사람의 시선을 신경 쓰기 시작한다. 이런 일이 반복된다.

"꿈은 이뤄지지 않을 거야."

"돈 때문에 너무 불안해."

"하고 싶지 않은 일을 매일 해야 해."

"연애에 지나치게 집착해."

"불륜에 빠져버렸어."

"늘 일을 중간에 그만둬."

"아무런 의욕이 없어."

이들은 대부분
살아있다는 실감의 농도가 옅은 것이 원인이다.

그도 그럴 것이 다른 사람의 시점으로 살고 있기 때문이다. 자기 인생 안에 정작 자기 자신은 존재하지 않는다. 슬프지만 이런 사람의 인생이 자꾸만 꼬이는 것은 필연이다.

그러므로 만약 여기까지 읽으면서 '아, 나는 살아있다는 실감의 농도가 엄청 옅을지도 몰라.' 하고 느끼는 부분이 있다면, 그리고 '이대로는 싫어.' 하고 생각한다면,

살아있다는 실감의 농도를 높이고,

늘 누군가에게 허락을 구하는 '허가제 인생'을 내려놓자.

누구나 처음에는 아기였다. 원래는 농도 100%였다. 자라면서 농도가 옅어졌을 뿐.

존재를 선명하게 하려면 존재가 희미해지던 때와 정반대로 행동하면 된다. 존재를 선명하게 하는 진한 자기긍정을 듬뿍듬뿍 쏟아붓는다. 농도 100% 원액을 계속해서 부어주다 보면, 머지않아 99.9%가 될 수 있다.

싸구려인 척하지 마

"웃음으로 마음의 여유를 되찾아, 거기에 자기긍정을 쏟아부으세요."

이렇게 말하면 반드시 이렇게 대꾸하는 사람이 있다.

"자기긍정을 할 수 없으니까 괴로운 거잖아요?"

"사람이 괴로워하고 있는데, 대충 얼버무리려 하다니 너무해!"

어이 이봐, 바로 그거야, 그거. 지금 스스로 자신을 돌멩이 취급하고 있잖아.

다시 한 번 이야기한다.

자신을 다이아몬드라고 생각하며 살 것인가. 돌멩이라고 생각하며 살 것인가. 이 대전제가 모든 결과를 바꾼다. 애초에 자신은 다이아몬드다.

다이아몬드 원석이 아니라, 태어날 때부터 라운드 브릴리언트 커트된 엄청나게 반짝이는 다이아몬드다. 그러니까 당연히 소중히 다뤄져야 한다.

자기 자신은 물론 주변 사람도 20캐럿 다이아몬드를 다룰 때처럼 가지고 나갈 때는 삼엄한 경비를 붙여 귀하게 보호하고, 만질 때도 맨손으로 거칠게 다루지 않으며, 볼 때도 선망과 기쁨이 담긴 눈으로 바라본다. 언제 무엇을 하든 빛을 잃지 않고 절대로 상처받지 않는다.

이처럼 근사한 다이아몬드, 그것이 바로 자신이다.

이 세상에는 '너 따위가…'라는 폭언을 들어도 괜찮은 인간이란 없으며, 누구도 그런 취급을 받아서는 안 된다. 절대로 그런 취급을 받는 데 익숙해지면 안 된다.

왜냐하면
자신은 다이아몬드이니까.

그렇다면 어째서

"나 자신을 소중히 여길 수 없어."

"아무래도 자신이 없어."

"매일 너무 괴로워."

"뭘 위해 사는지 모르겠어."

"늘 돈 때문에 불안해."

"나도 내 진짜 마음을 모르겠어."

"나한테는 늘 안 좋은 일만 일어나."

"이성에게 사랑받지 못해."

이와 같은 고민 상담이 끊이지 않는 걸까. 살면서 제멋대로 "난 다이아몬드가 아니야." 하고 착각했기 때문이다. 아니, 오해한 것이다.

예를 들어 시험에서 좋은 점수를 받지 못해 엄마에게 꾸중을 들었다든지, 부모님이 나보다 동생을 더 예뻐한다고 느꼈다든지, 자신이 콤플렉스라고 생각했던 부분에 대해 친구에게 놀림을 당했을지 모른다.

옆에서 보면 깜짝 놀랄 만큼 사소한 일을 계기로 "나는 다이아몬드가 아니야." 하고 착각하기 시작해, 점점 그 생각이 커지다가 결국에는 자신을 돌멩이 취급하게 된다.

하지만 "다이아몬드가 아닐지도 몰라." "나는 흔해 빠진 돌멩이야." 하고 자신을 의심하거나 비하하는 것과 자신이 정말로 다이아몬드인지 아닌지는 완전히 별개의 문제다.

자신이 아무리 부정해도 사실은 변하지 않는다. 물론 지금까지 안 좋은 일을 당하거나 열등감에 사로잡히는 등 여러 가지 일이 있었을 것이다. 하지만 그럼에도 불구하고 자신이 다이아몬드라는 사실은 변하지 않는다.

또한 다이아몬드는 아름다울 뿐 아니라 가장 단단하고 절대로 상처받지 않는다.

자신은 처음부터 다이아몬드였다.

다이아몬드는 광석 중에서 가장 빛나고 가장 강하다. 틀림없는 진짜 다이아몬드를 손에 들고 "이거 진짜 다이아몬드 맞아? 사실은 돌멩이 아니야?" 하고 의심하는 사람이 있을까? 없다. 이와 마찬가지다.

이렇게 이야기하면 흔히 "그럼, 나도 다이아몬드가 될 거야!" 라든지 "나도 노력하면 다이아몬드가 될 수 있을까?" 하는 목소리가 여기저기서 날아드는데, 그건 불가능하다.

아니, 그보다 "지금 내 이야기 들은 거야?" 하고 되묻고 싶다.

그게,

이미 다이아몬드라니까!

마이클 잭슨이 마이클 잭슨이 될 수 없는 것과 마찬가지다. 이미 마이클 잭슨이니까. 이것과 완전히 같은 이야기다. 단지 기억해내기만 하면 된다.

이 책에서는 흔한 돌멩이가 원래 다이아몬드였다는 사실을 깨닫는 방법을 이야기한다.

먼저, 자신을 흔한 돌멩이라고 생각하면서 필사적으로 인생을 바꿔보려 발버둥 치는 사람이 빠지기 쉬운 '흔한 돌멩이의 함정'부터 소개해볼까 한다.

자, 그럼 지금부터 나리심리학을 시작해보겠나리~~

차례

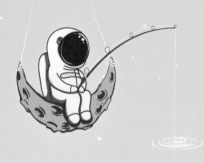

내 인생은
왜 자꾸 꼬이기만 할까?에
답하다

저주를 푸는 것부터
시작하자

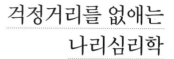

걱정거리를 없애는
나리심리학

4장

돈에 대한 불안이
사라진다

내 인생은
왜 자꾸 꼬이기만 할까?에
답하다

인생은 오직
증거를 수집하는 여행
이니까

"전 늘 참기만 해요.
참다 보면 언젠가 행복해지겠죠?"

"지금도 참고 있나요?
그렇다면 내일도, 앞으로도
쭉———— 참게 될 거예요."

고생 끝에 낙이 온다는 건 거짓말!

"나한테는 안 좋은 일만 일어나."

"늘 제멋대로인 남자들만 만나."

"항상 나한테만 불리해."

"이렇게 노력했는데 결국 이혼이라니."

"내가 안 하면 누가 하겠어."

"참다 보면 틀림없이 언젠가 알아봐 주겠지."

이 모든 말에 숨은 전제는 무엇일까?

바로, 참으면 어떻게든 된다는 생각이다. 하지만 유감스럽게
도 오늘 참으면 내일도 앞으로도 계속 참아야 한다. 참고 있으면

알아봐 주기는커녕 주변 사람들에게 "이 사람은 이걸 좋아해." "이대로 괜찮은가 봐." "자기가 선택한 일이잖아." "하고 싶으니까 하겠지." 하는 오해를 사게 되고, '참으면 어떻게든 되겠지.' 하고 생각하는 한 늘 참아야만 하는 현실이 기다리고 있다.

사람은 인생의 전제를 스스로 결정하고
그 증거를 수집하는 여행을 하는 생물이기 때문이다.

그러므로 안타깝게도 지금 참고 넘어간다고 해서 상황은 전혀 나아지지 않고, 참으면 나중에 괜찮아질 거라고 생각해도 절대로 그렇게 되지 않는다.

자신을 돌멩이 취급하며 "나는 고생할 팔자야." 하는 전제하에 살아가는 사람에게는 참아야 할 일들만 생긴다. 그리고 "참지 않아도 괜찮으니까 털어놔 봐." 하는 말을 들어도 좀처럼 속 시원히 이야기하지 못한다.

그만큼 전제를 증명하고, 그를 위한 증거를 모으는 작용은 강렬하다. 그것이 인생이다. 인내하며 기다린 미래에도 역시 참아야 할 일뿐이다.

"그래도 고생한 끝에 행복해진 사람도 있지 않나요?"

이렇게 묻는 사람에게는 "물론이죠." 하고 곧장 대답한다. 하지만 아마도 그런 사람은 고생 끝에 낙이 온다는 것을 자기 인생의 전제로 삼았다기보다, 행복을 향해 걸어가는 과정에서 어쩌다 고생스러운 일을 만나게 된 것뿐이라고 생각한다.

참고 견디는 것이 아니라 '즐겁고 기쁘고 재미있고 감사하는' 마음으로 미래를 기다리면, 미래에 '즐겁고 기쁘고 재미있고 감사할' 일들이 찾아온다. 어쨌든 인생은 그렇게 흘러가게 되어 있다. 따라서 진심으로 미래를 바꾸고 싶다면 할 일은 단 하나다.

인생의 전제를 바꾸는 것.

"난 하루하루가 행복해!" 하는 전제로 살아가면 그 전제를 증명하기 위한 증거가 모인다. 흔히 원하는 것이 있으면 종이에 적으라고 하는데, 그것과 같은 이치다. "벤츠를 살 거야." 하고 종이에 적어두면, 그것이 전제가 되어 길을 가다가도 벤츠만 눈에 들어온다. 도로를 달리는 벤츠의 수가 특별히 늘어난 것도 아닐 텐데, 구체적으로 자신의 전제가 되는 순간 자연히 그것에 초점이 맞춰지는 것이다.

감정 노트로 마음속에 쌓여있던 감정을 확인한다

그래서 매일 "참아야 해." "나만 노력하면 돼." 하고 생각하는 사람에게는 참고 노력해야 할 일만 일어난다. 그런 사람은 더욱더 참고 노력해 '언젠가' 바뀔 미래를 기다리며 살아간다.

하지만 그 '언젠가'는 오지 않는다. 그런 인생에는 계속 참아야 하는 전제만 존재하고, 눈앞에는 그것을 증명할 증거만 모이기 때문이다.

물론 행복과 기쁨이 전제일 때는 인내가 행복을 가져다준다. 하지만 인내가 전제일 때는 인내하고, 인내하고, 또 인내해야 한다. 계속 인내하면, 인내의 끝에 다시 인내가 기다리고 있다.

자, 어떤가?
정말 평생 그렇게 살아갈 건가?
진심으로 싫다고 생각하는 사람에게는 '감정 노트'를 권한다.

- 외로웠다.
- 슬펐다.
- 이렇게 하고 싶었다.

- 소중하게 여겨지지 않을까 불안했다.
- 두려웠다.
- 괴로웠다.
- 질 것 같았다.
- 싫었다.
- 도망치고 싶었다.
- 포기하고 싶었다.

이런 감정을 떠올리고 모두 적어본다. 처음에는 쉽게 떠올리지 못할지도 모르므로, 생각날 때마다 스마트폰에 "지금 ○○ 때문에 기분이 나쁘다." "○○해서 외로웠다." 같이 조금씩 메모해두는 것이 좋다. 날마다 메모하다 보면 자신의 감정에 민감해진다. 그리고 가능하면 뚜껑을 덮어놓고 모른 척한 '외롭다' '슬프다' 하는 감정을 자신이 온전히 느끼도록 허락하고, 엉엉 울어도 보고, 한없이 가라앉거나 축 처져보기도 했으면 좋겠다.

참지 않는다는 것은 그런 감정을 밖으로 내보이는 것이다. 참는다는 것은 그런 감정을 밖으로 내보이지 않는 것이다. 기분이 조금 나아졌다고 느끼면, 메모한 것을 다른 사람에게 보여준다. 남편이나 아내, 애인, 부모님, 자녀, 친구, 동료에게 보여주면 의외의 반응이 돌아올 것이다.

"어머나, 그렇게 느꼈어?"

"참고 있는 줄 몰랐어."

"하고 싶어서 하는 줄 알았는데."

주변 사람들에게는 자신의 노력과 불행한 전제가 보이지 않으므로, 다들 좋아서 했다고 생각한다. 그래서 대부분 서로 깜짝 놀란다. 실제로 해보면 꽤 흥미롭다.

그리고 한 가지 더, 자신에게 기쁘고 즐거운 일, 자신이 좋아하는 것을 적어 넣을 '꿈 실현 노트'를 만들어본다.

- 초대받으면 행복해!
- 칭찬받으면 기분이 좋아!
- 디즈니랜드는 재미있어!
- 외출하면 즐거워!
- 친구와 커피 한잔하는 시간은 행복해!
- 음악 듣는 거 좋아해!
- 예쁜 옷을 입으면 신나!

이런 식으로 몇 개든 적으면서 "나는 이런 게 좋고, 즐겁고,

신나!" 하고 자각한다.

자각하면 일상생활에서 말과 태도로 나타난다. 이렇게 새로운 전제를 만들어낼 수 있다.

"나는 기뻐, 즐거워, 좋아!" 하고 표현하면 그러한 감정을 불러 일으키는 일들이 반복해서 일어난다. 이제까지 참고 견뎌왔던 것 처럼, 이번에는 기쁘고 즐겁고 좋은 감정을 증명하는 증거가 모 이기 시작한다. 인생은 기쁘고 즐거우며 자신이 좋아하는 일만 일어난다는 것을 증명이라도 하듯 주변에서 다양한 일들이 일어 나기 시작한다.

반복해 말하지만, 인생은 증거를 수집하는 여행이다. 그리고 증거는 자신의 전제에 따라 완전히 달라진다.

한 번뿐인 인생, 인내의 증거를 모으기보다 즐거운 일과 좋아 하는 것을 많이 떠올려 즐거움과 기쁨의 증거를 모으며 살아가 면 얼마나 좋을까!

꿈 실현 노트는 말 그대로 꿈을 실현하는 노트다.

지금이야말로 자신만의 마법의 노트를 펼쳐볼 때이다.

내 인생은

왜

자꾸 꼬이기만 할까?에

답하다

POST OFFICE
★ 11.08.2020 ★
NALI'S PSYCHOLOGY

두근두근
가슴 뛰는 일만 찾다가
빈축을 사지는 않을까?

"전 저 자신을 소중히 생각해요.
제 가슴을 두근두근 뛰게 하는
즐거운 일만 하려고 합니다.
그래서 마음이 끌리지 않으면
약속을 바로 직전에 취소하기도
해요."

"당신, 잠깐 옥상으로 따라와~"

자신을 소중히 하는 것은 목표가 아니라 과정이다

사람이 안고 있는 고민과 문제는 모두 자기부정 때문이다. 자기부정은 자신에게 아직 가능성이 없다고 단정 짓는 것이다.

스스로 자기부정에 빠졌다는 사실을 알게 된 사람 중에는 마음을 공부하기 시작한 사람도 많으리라 생각한다. 마음을 공부하면 "일단 자신부터 소중히 여기자." "자신을 먼저 사랑하자." 하고 깨닫게 된다.

자기긍정감이 낮고 늘 참기만 하던 사람이 자신을 소중히 여기고 행복해지겠다고 결심하거나, 자기 의견을 자신 있게 전달하고 더는 참지 않기로 마음먹으면 인생이 좋은 방향으로 흘러가기 시작한다.

나리심리학에서는 이를 '자기부정 단계'에서 '주얼리 단계'로의 이행이라고 한다.

자신을 그저 보잘것없는 돌멩이라고 부정하던 사람이 주얼리 단계에 들어서면 '나는 보석일지도 몰라.' '나를 소중히 여겨야 해.' 하고 생각하기 시작한다. 이때부터 그동안 자신이 하지 않았던 일을 하게 된다. 바로 이때가 자신을 소중히 여기는 시기, 즉 '자기소중기'이다.

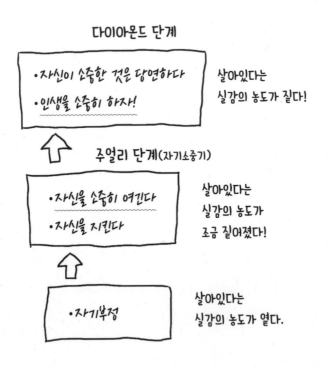

"나는 소중한 존재이니까 상처받으면 안 돼." 하고 굳게 결의하고, 자신을 함부로 대하는 상대를 용서하지 않을 만큼의 각오를 다진다. 자신의 감정을 소중히 하고, 기분이 좋지 않을 때는 그 감정에 따라 자리를 떠난다.

이처럼 자신을 위해 이제까지 내세우지 않던 자기 의견을 주장해보는 것, 자신의 감정을 소중히 여기는 것은 매우 중요하다. 그러므로 지금 자신이 자기소중기에 있다고 생각하는 사람은 마음껏 주얼리 단계를 즐기길 바란다. 하지만 이 시기는 언젠가 졸업해야 한다.

약속 시간 직전에 약속을 취소하는 것은 절대 안 되는 건 아니지만, 가고 싶지 않다는 마음이 아우성친다는 이유만으로 갑자기 약속을 취소하는 것은 아직 주얼리 단계에 있다는 것을 의미한다. 그도 그럴 것이, 갑자기 약속을 취소당한 상대는 이유도 없이 피해를 보게 된다. 따라서 주얼리 단계에 있는 사람은 더 앞쪽에 있는 다이아몬드 단계로 나아가야 한다. 목표는 다이아몬드 단계다.

원래 자신은 다이아몬드이므로, 언제든 가장 빛나고 누구에게도 상처받지 않는다. 상처 주는 사람의 말에 사랑이 없다고 판단되면 무시한다. 필사적으로 자신을 소중히 하지 않아도 당연한 듯 소중히 다뤄지고, 애써 자신을 지키지 않아도 절대로 다치지 않는다는 사실을 알고 있다. 상처받지 않으므로 일부러 소중히 다루지 않아도 된다. 애초에 자신을 소중히 해야 한다는 생각조차 너무 당연해 의식하지 못한다. 이것이 다이아몬드 단계다.

다이아몬드 단계에 있는 사람에게 자신이 소중하다는 사실은 너무도 당연하다. 이 단계는 주얼리 단계에서 앞으로 한 발짝 더 나아가 '인생을 소중히 하는' 단계다. 자신을 소중히 하는 단계를 졸업하고, 이제는 인생을 소중히 하는 단계에 도달한다.

예를 들어 주얼리 단계의 사람이 "이 자식, 누굴 얕보는 거야!" 하고 화를 내는 상황에서, 다이아몬드 단계의 사람은 "누가 날 얕봐도 딱히 아무 일도 일어나지 않아, 그보다 초밥이나 먹으러 갈까?" 하고 말하는 느낌이다.

혹은 주얼리 단계의 사람이 "우습게 보지 마!" 하고 발끈하는 상황에서, 다이아몬드 단계의 사람은 "우습게 보든지 말든지. 아, 그보다 이 포테이토칩 맛있겠다." 하고 말하는 느낌이랄까.

자신을 소중히 하는 것은 목표가 아니라 과정이다. 진정한 목표는 자신을 소중히 하는 것이 당연한 상태에서 인생을 소중히 하는 것이다.

지금 주얼리 단계의 한복판에 있는 사람은 먼저 자신을 소중히 하길 바란다. 그리고 거기에서 더 앞으로 나아가야 한다는 사실을 잊지 말고, 지금 자신이 다이아몬드 단계로 나아가는 과정에 있다고 인식한다.

'자기애'에 싫증이 나면, 다음 목표는 다이아몬드 단계다. 자기애를 벗어나 '타인애'로 나아가자. 어감은 약간 별로지만.

하하.

블로그에서
챌린지 프로그램을
연재하는데,
목표가 이루어지지 않아

 "저 블로그에서 챌린지 프로그램을
연재하고 있어요."

 "우와, 도전 목표를 많이 달성했나
봐요?"

 "음, 그게, 이제부터 열심히
달성하려고요."

 "열심히 달성하는 건
어떻게 하는 거지 ……?"

끌어당겨서 행복한 것이 아니라

행복한 사람이 끌어당기는 것

블로그의 챌린지 프로그램에서 자신의 도전 목표와 미션 위젯 등을 꾸준히 기록하며 목표를 이뤄내는 사람은 당연히 지금처럼 행복을 끌어당겨 더 행복해진다면 최고다.

　하지만 "블로그에서 챌린지 프로그램을 연재하는데 좀처럼 목표가 이뤄지지 않아." 하고 한숨만 쉬거나 "블로그 챌린지 프로그램을 연재하고 있으니까 어쨌든 목표를 이뤘다고 기록해야지." 하고 겉으로만 목표를 이룬 척하는 사람은 아마도 원하는 결과를 자기 쪽으로 끌어당기기 힘들 것이다.

그것은

끌어당기는 것이 아니라

그냥 자신을 괴롭히고 있는 것이 아닐까?

결과를 내길 원하는 사람은 결과가 자신을 향해 걸어오길 기다리지 않고 바로 행동한다. 그것도 망설이지 않고 곧장. 그러므로 아무것도 하지 않으면서 '이루고 싶은데 이뤄지지 않아.' 하고 생각하는 것이 있다면, 사실은 정말로 원하는 것이 아니거나 단지 지금 상황에서 벗어나고 싶은 것뿐인지도 모른다.

나는 기본적으로 '끌어당김의 법칙'이란 끌어당기지 않아도 최고로 즐거울 때 이루어지는 법칙이라고 생각한다. 연애를 즐길 때 멋진 만남이 이루어지고, 일이 즐거우니까 성과가 나온다. 기분 좋게 돈을 쓰면 돈이 들어오고, 인생을 즐기는 사람에게 근사한 일이 일어난다.

지금을 온전히 즐기면 결과가 어떻든 모든 것이 즐겁다. 이것은 목표를 이루었다고 하면 이룬 것이고, 이루지 않았다고 하면 이루지 않은 것이다.

결과의 가치는

지금을 즐기는지 아닌지에 달려있기 때문이다.

즐겁게 지내고 모든 일의 결과를 즐기면, 결과적으로 끌어당김의 법칙을 이용해 목표를 이룬 것이 된다. 반면에 "지금은 즐길 수 없지만, 결과가 나오길 원해."라고 하면 괴로워진다. 그런 사람은 끌어당기지 못한다. 나도 그런 상담을 많이 했다.

그러므로 목표를 이루지 못해 괴롭거나 원하지 않는 일이 일어났는데도 "이 정도면 훌륭해!" 하고 억지로 긍정적인 마음을 가장해 마치 자신이 목표를 이루고 있다는 듯 블로그에 연재할 바에야 차라리 "목표 따위 이루지 않아도 나는 최고로 행복해." 하고 생각하는 편이 낫다.

"꿈을 이루든 말든 매일 즐거워.

어쨌든 나는 최고로 멋져.

아, 행복해. 그럼, 샤부샤부나 먹으러 갈까?"

이 정도로 편안한 마음이면 좋겠다.

즐거운 기분으로 있으면 즐거운 일이 제멋대로 일어난다. 불안과 두려움이 줄어들고 행동할 용기가 솟는다. 즐거워 보이는 사람 곁에는 즐거워지고 싶은 사람이 모여들어 친구가 생긴다. 그리하여 자연히 자신이 원하는 것과 하고 싶은 일을 향한 최단 경로를 선택해 나아가게 된다.

가장 중요한 것은 지금 행복한 기분을 느끼는 것, 지금 즐거운 것이다.

끌어당겨서 행복한 것이 아니라
행복한 사람이 끌어당긴다.

"난 돌멩이니까."라는 생각이 만들어낸 괴로움 속에서 필사적으로 결과를 끌어당기려 하면, 결과적으로 괴로움만 끌어당겨질 뿐이다. 앞서 인생은 증거를 수집하는 여행이라고 했는데, "난 돌멩이니까."라는 전제를 끌어안고 있는 한 그에 관한 증거만 모인다.

때로 이런 질문을 받는다.
"하고 싶은 일을 하면 행복해질 수 있나요?"
이것도 끌어당김의 원리와 똑같다. 완전히 반대로 생각하면 된다. 하고 싶은 일을 하든 말든 행복한 사람은 행복하고, 결혼을 하든 말든 행복한 사람은 행복하게 하루하루를 즐긴다.
결과에 집착하는 것은 자신을 부정하기 때문이다. 자신을 긍정하면 결과에 대한 집착에서 해방된다. 해방되어 느긋하게 즐기는 사람에게 결과가 찾아온다.
이것이 모든 일이 술술 잘 풀리는 인생의 법칙이다.

배우자를
찾지 못하는 사람의
공통점은, 이것

"결혼하기로 결심했어요.
각오하고 엄청 열심히 상대를
찾고 있어요.
절대 실패하고 싶지 않으니까!"

"저기, 그렇게 눈에 핏발을 세우고
덤볐다가는 괜찮은 남자들이 다
도망갈지도……."

핏발 선 눈에 좋은 인연은 보이지 않는다

근사한 사람을 만나고 싶고 행복한 연애를 하고 싶어 두근두근 가슴이 뛰는 게 아니라 "꼭 결혼할 거야!" 하는 강한 바람과 의지로 상대를 찾아 나설 때는 각별한 주의가 필요하다.

"결혼하지 않으면 큰일이야."
"결혼하지 않으면 내 인생은 끝장이야."
"결혼하지 않으면 어쩐지 진 기분이란 말이야."
"결혼하지 않으면 미래가 불안해."
"결혼하지 않으면 행복해질 수 없어."
이렇게 기합이 잔뜩 들어가 눈에 핏발을 세우고 있는 사람은 솔직히 부담스럽다.

이런 사람에게는 먼저 이렇게 말해주고 싶다.

힘 빼!

문어냐? 싶을 정도로 힘 빼!

물론 결혼하기로 결심하고 이를 행동으로 옮기는 것은 좋다. 문제는 "결혼하지 않고 살 수는 없어." "결혼해야만 행복해질 수 있어."라는 굳은 믿음으로 절박하게 매달리는 것이다.

"나는 다이아몬드이니까 결혼하지 않아도 멋지고, 매일 즐겁게 웃을 수 있으니 상관없어."

이렇게 생각하는 사람이 핏발 선 눈으로 자신을 돌멩이 취급하는 사람보다 분명 인기 있다. 결혼했느냐 하지 않았느냐. 즉, 배우자가 있느냐 없느냐로 자신의 가치가 달라지진 않는다. 결혼하지 않은 것이 자신에게 멍에가 되면, 결혼해야 한다고 자신을 몰아세우게 되고 그 압박감으로 괴로워진다.

"결혼하지 않아도 행복하게 살 거야. 아, 뭐 재미있는 일 없나?" 하고 훌훌 털어버리는 순간, 아마도 자기 인생 최고의 전성기를 맞이하게 될 것이다.

기를 쓰고 덤벼들기보다

즐거운 방향으로 나아갈 것.

이상적인 결혼을 갈망하며 완벽한 배우자를 찾으려고 지나치게 안간힘을 쓰는 사람의 얼굴은 경직되어 있지만, "어떤 인생을 살아도 좋아." 하고 웃는 사람의 얼굴은 쓸데없이 힘이 들어가지 않아 부드럽다. 둘 중 누가 인기가 있겠는가.

성공해야 한다는 강박관념에 사로잡히면 실패가 두려워 움직일 수 없게 되고, 실패해도 상관없다고 생각하면 성공률이 높아진다. 사람은 "절대로 지면 안 돼." 하고 마음먹으면 반드시 힘이 들어가게 되어 있다. 그러한 힘은 좋은 결과를 가져오지 않는다. 공연히 긴장을 유발해 평소 잘하던 일이나 간단히 할 수 있는 일조차 실패하기 쉽다.

"절대로 질 수 없는 싸움"이라는 표현이 있는데, 나는 그 절대로 질 수 없는 싸움을 하고 있는 시점에서 이미 졌다고 생각한다. 결혼도 마찬가지로, 실패하지 않는 결혼을 목표로 하는 한 계속 제자리에서 맴돈다.

과거의 연애에서 상처받아 "다음에는 결혼할 사람하고만 사귈 거야." 하고 결심하거나 "절대로 이혼하고 싶지 않으니까, 상대는 완벽한 사람을 골라야 해." 하고 이를 악무는 사람이 있는데, 이처럼 실패하지 않으려고 힘이 잔뜩 들어가 있으면 뜻대로 잘 풀리지 않는 법이다.

한편, 조건 좋은 사람에게 자신을 끼워 맞추려다 지친 사람이 "그냥 평생 독신으로 살아도 좋을 것 같아. 내 인생, 일단 나부터 즐겨야지." 하고 생각했더니, 바로 좋은 상대가 생기고 결혼까지 골인했다는 이야기는 심심찮게 들려온다.

실패하면 안 된다며 바짝 긴장해 있을 때는 누구나 갑자기 닥쳐오는 우발적 사건을 피하고 싶어 하는데, 애인과의 결별이나 이혼이 우발적 사건이라면 만남과 연애도 우발적 사건이다. 모든 우발적 사건을 피하려고 하면 애초에 누군가를 만나기조차 힘들다.

"이 사람과 결혼해도 괜찮을까?"

"이 사람 말고도 더 좋은 사람이 있진 않을까?"

"결혼한 뒤에 갑자기 돌변하는 건 아닐까?"

"이혼하게 되진 않을까?"

"결혼하기도 전에 차일까 봐 불안해."

"아이에게 무관심한 사람이면 어떡하지?"

이들은 전부 일어나지도 않은 우발적 사건의 예측에 불과하다. 하지만 앞으로도 이런 일이 절대로 일어나지 않기를 바란다면, 아무것도 하지 않는 것이 최선이다. 절대로 실패하지 않는 방법은 언제나 아무것도 하지 않는 것이니까.

그러므로 행복해지고 싶다면, 모든 우발적 사건을 받아들이기로 각오해야 한다. 실제로 다양한 사건과 결과가 일어날 것이므로, 그중에서 스스로 길을 선택해 나아간다.

그것은 동시에

절대로 질 수 없는 싸움에서 벗어나

인생의 주도권을 잡는 일이다.

져도 상관없다고 생각했을 때야말로 지지 않는 인생을 살 수 있다. 져도 웃을 수 있는 사람을 누가 이길 수 있겠는가.

배우자를 고르면서 "이 사람과 함께라면 완벽하게 행복한 인생을 살 수 있을 거야." 하는 상대를 찾으려고 하면, 거기에 조금이라도 미치지 못하거나 자기 뜻대로 되지 않는 순간 이미 진 것이다. 하지만 "이 사람과 함께라면 불행조차 즐거울 거야." 하는 상대를 찾으면, 상대가 실업자가 되거나 실제로 이상한 취미가 있다고 해도 늘 행복하다.

생각을 바꾸면 이긴다.

인생의 주도권은 일어나는 모든 일을 받아들이기로 결정할 때 잡을 수 있다. 그것은 완벽을 포기하고, 아무런 문제 없는 완전한 인생을 단념하는 것이다.

완벽을 포기하는 것은 동시에 상상 이상의 결과를 받아들일 준비를 하는 것이다. 자, 완벽을 포기하면 자신이 생각하는 소소한 완벽보다 훨씬 더 크고 멋진 우발적 사건이 일어나기 시작할 테니, 다들 기대해도 좋다!

인생의 굴곡 따위 없이
처음부터 행복해도
괜찮아

"나를 영화 주인공이라고 생각하고,
인생이라는 영화의 주인공을
연기하고 있어요."

"우와, 엄청나게 멋진 드라마가
기다리고 있을 것 같은데요?"

"그렇죠? 밑바닥에서부터
인생 대역전을 노리고 있어요.
역시 인생엔 굴곡이 있어야죠."

"그런데, 처음부터 끝까지 행복하면
안 되나요?"

고생길만 편애하는 자신을 깨닫자

드라마처럼 인생의 각본을 설정해 연기하듯 살아간다. 그 자체는 분명 자극적이라고 생각한다. 하지만 어쩐 일인지 '늘, 항상, 언제나' 끊임없이 위태로운 상황에 직면하는 사람은 주의가 필요하다.

"항상 월급날이 다가오면 통장 잔액이 아슬아슬해."
"일 때문에 늘 여러 가지 우여곡절을 겪어."
"언제나 돌이킬 수 없는 사랑을 하지."
"매일 누군가와 말썽이 생겨."
"늘 바쁘고, 늘 돈이 없어."

이것은 꿈을 이루는 길을 점점 복잡하게 만드는 '드라마틱 증후군'일지도 모르기 때문이다. 드라마틱 증후군에 빠진 사람은 이렇게 생각한다.

"평범한 인생은 싫어! 평범하게 사는 건 재미없어."

"난 특별해지고 싶어."

"한 번뿐인 인생이잖아."

"남과 다른 걸 이뤄내고 싶어."

"내일 죽어도 후회하지 않을 인생을 살 거야."

그러니까 결국,

**"파란만장하지 않은 인생 따위 시시해!" 하고
말하는 사람이다.**

강렬하고 극적인 자기만의 환상적인 세계를 기대하며, 마치 애니메이션이나 드라마의 주인공이 된 것처럼 차례차례 직면하는 고난과 역경에 과감히 맞선다. 지나는 길목마다 적이 나타나고 사건이 터진다. 본인이 평범하게 살고 싶지 않다니까 뭐 별수 있나.

역경을 극복하는 것이 인생이라고 전제하고 있으니, 아니나 다를까 닥치는 대로 문제가 일어난다. 이래도 버티는지 두고 보자는 듯이.

누군가 옆에서 "쉽고 편한 길이 있어." 하고 말해줘도 못 들은 척, "그렇게 쉽게 꿈을 이룰 순 없어." 하고 일부러 고난의 길을 택한다. 그래서 어쨌든 드라마틱 증후군에 빠진 사람은 인내심이 강하고 역경을 잘 이겨낸다.

이렇게 길러진 능력은 확실히 남다르고, 때에 따라서는 매우 도움이 되기도 한다. 그러므로 "이건 잘못된 거야." 하고 싸잡아 부정하긴 힘들지만, 그래도 나는 꼭 이렇게 말해주고 싶다.

"쉽게 이뤄도 괜찮아! 그런 길을 선택해도 전혀 문제없어!"

애초에 드라마틱 증후군에 빠진 사람은

"쉽게 행복해지면 안 돼!"

"편하게 돈을 벌면 안 돼!"

"노력 없이 결과를 내면 안 돼!"

"이유 없이 잘 되면 안 돼!"

"인내하지 않으면 안 돼!"

"무슨 일에든 어려움이 있는 법이야!"

"쉽게 손에 들어오는 건 시시해!"

하고 뇌 내에 강력한 금지령을 발령해 무의식중에 자신을 꾹 꾹 짓누른다. 엄청나게 무거운 아령을 들고 움직이는 느낌이다. 단련은 되겠지만, 몹시 괴로운 일이다. 결국에는 지쳐 쓰러져 강제 종료되고 말 것이다. 하지만 본인은 그것조차 어쩐지 멋있 다고 생각한다. 역경이야말로 우리 인생 그 자체이니까.

하하하…….

만약 지금 드라마틱 증후군을 자각해 괴로운 상황에서 벗어 나고 싶은 사람이 있다면,

"편하게 꿈을 이뤄도 전혀 문제없어!"

하고 말해주고 싶다.

그리고 주위에 있는 편하게 살아가는 사람도 응원해주길 바 란다. 드라마틱 증후군에 빠진 사람은 대부분 편하게 사는 사 람을 싫어한다.

"난 이렇게 노력하고 있는데, 대체 뭐야? 저렇게 편하게 살다 니…… 무책임해!"라며 용납하지 못한다.

편하게 사는 사람을 용납하지 못하므로 자신도 편하게 살지

못한다. 자신이 남을 부정하므로 남도 자신을 부정하리라 생각한다. 그래서 "저렇게 살긴 싫어!" 하고 말하며 견딘다. 꾹 참고 노력해 역경을 극복한다.

편하게 사는 사람을 받아들이면 자신도 편하게 살 수 있다.

아, 이제 정말 편하게 살아도 괜찮다!

늘 감사하는 사람이
실제로 가장
감사해야 할 것

 "무슨 일에든 감사하면
행복해진다고 해서, 매일
감사하는 마음으로 살고 있어요."

 "과연 그렇죠. 그럼 엄마에게도
감사하고 있나요?"

 "음, 아뇨. 엄마한테는 호되게 혼난
적이 있어서, 감사하지 않아요."

 "엥? 감사하지 않잖아!"

감사보다 먼저 해야 할 일이 있다

하버드대학교에서 약 70년에 걸쳐 다음과 같은 연구를 했다고 한다.

"하버드대학교를 졸업한 학생 중 고수입을 올린 사람은 어떤 사람일까?"

물론 세계적인 명문 하버드대학교를 졸업했으니 기본적으로 대부분 고수입을 올릴 것이라는 인상이 있지만, 이 연구에서는 특히 '엄마와 관계가 원만한 사람'이 고수입을 올리기 쉽다는 사실이 밝혀졌다.

나는 이 결과를 듣고 매우 공감했다. 따뜻한 가정에서 자란 사람은 자신이 다이아몬드라는 사실을 인지하고 성장하기 때문이다. 특히 엄마와의 관계는 매우 중요하다.

지금 자신과 자신이 보는 세상, 자신과 다른 사람과의 관계성은 어린 시절 자신과 엄마의 관계성을 고스란히 재현하고 있다고 할 수 있다. 만약 엄마에게 사랑받지 못했다고 느끼면, 세상으로부터도 사랑받지 못한다고 느낄 확률이 높아 사방이 적으로 가득해진다.

또한 엄마에게 신뢰받지 못했다고 느끼면, 세상도 자신을 신뢰할 리 없다며 온 세상을 적으로 돌려버린다. 이런 상태에서는 무언가에 감사하려 해도 마음에 잘 와닿지 않는다.

자신이 엄마에게 사랑받지 못했다고 생각하며 살아온 사람은 이제까지 인생에서 정말 많은 사람으로부터

"사랑해."

"많이 좋아해."

"지금 그대로 네가 좋아."

"여기 있어도 괜찮아."

"아무것도 안 해도 돼."

"도움이 되지 않아도 상관없어."

"마음 쓰지 않아도 돼."

"네 생각을 말해도 괜찮아."

"참지 않아도 돼."

"그냥 즐겨도 좋아."

"네가 성장하기를 바라."

"네가 목표를 이루길 바라."

"네가 행복하면 좋겠어."

라는 말을 들었을 테지만, 이처럼 자기긍정감을 높여주고 자신이 다이아몬드라는 사실을 인정해주는 말을 곧이곧대로 받아들이지 못한다.

엄마를 용서하지 못하는 것

이것이 자신의 소망이 이루어지지 않는 이유다.

이것이 자신이 인정받지 못하는 이유다.

이것이 자신의 인생이 자꾸만 꼬이는 이유다.

이것이 자신이 목표를 이루지 못하는 이유다.

이것이 자신이 결과에만 집착하는 이유다.

이렇게 말하면 "어릴 적 일이니 이제 와서 어쩔 수 없잖아." 하고 절망하는 사람이 있을지 모르지만, 괜찮다!

어른이 된 뒤에도, 인생에 치여 쓰러지고 넘어졌어도, 수입이 적어 힘들어도, 자신을 책망하고 있어도, 이제부터 새롭게 자신이 사랑받고 있다는 사실을 받아들이고 자신을 긍정할 수 있다. 자신은 틀림없이 다이아몬드이므로, 안심하고 내 이야기를 계속 들어주길 바란다.

저주를 푸는 것부터
시작하자

'사랑받고 있다'와 '신뢰받고 있다'는 다른 것

 "엄마에게 사랑받지 못하면 인생이 잘 풀리지 않는다는 말이네요?"

 "맞아요."

 "그런데 저는요, 엄청나게 사랑받았어요. 엄마를 정말 좋아하고요."

 "아, 그럼, 사랑받았지만 신뢰받지 못한 건 아닐까요?"

사랑받지 못했는가? 신뢰받지 못했는가?

자신은 누구에게서 태어났는가?

당연히 엄마다.

그럼, 한 가지 더 묻겠다.

자신의 '인생의 전제'는 어디에서 생겨났는가?

사실 이것도 엄마 혹은 엄마의 역할을 담당하는 가족 등으로부터다.

　정확히 말해서, 태어나서 처음 맺는 인간관계인 엄마와의 관계가 자기 인생의 토대가 된다. 엄마의 사고방식과 평소의 태도에서 보고 배워 자기 인생의 토대, 즉 전제를 구축해나가는 것이다.

다양한 심리학 이론이 엄마와의 관계가 현재의 자신에게 미치는 영향을 설명하고 있는데, 거기에서 주로 다루는 내용은 대부분 지배적인 부모, 이른바 독친(毒親, 자녀에게 독이 되는 부모를 일컫는 신조어)과 그에 대한 대책이다. 하지만 인생이 힘들고 답답한 사람이 엄마와의 관계에서 안고 있는 문제는 두 가지 유형으로 나뉜다.

엄마의 지배력에 주눅이 들어 자기 생각도 제대로 말하지 못하고 오로지 참아오기만 한 사람, 혹은 폭력과 정신적 학대로 자기긍정감이 너덜너덜해진 사람은 '인내'와 '함부로 다뤄지는 자신'이 인생의 전제가 된다.

그 결과,

"시키는 대로 해야 해."

"남들 눈치를 살펴야 해."

"어차피 인정받지 못할 거야."

"난 필요하지 않을 거야."

하는 생각에서 좀처럼 빠져나오지 못한다.

이런 생각의 바탕에는

'자신은 엄마에게 사랑받지 못했다'는 생각이 깔려있다.

그런데 사실 이와는 또 다른 방식으로 엄마가 영향을 주기도 한다.

엄마에게 매우 사랑받으며 자랐지만, 걸핏하면 걱정을 끼치거나 혼자서 노력해보기도 전에 도움을 받거나 하여 스스로 무언가 이루어낼 능력을 잃어버린 사람이다.

이런 사람이 부족하다고 느끼는 것은 '신뢰'다.

자신은 엄마에게 사랑받았으나 신뢰받지 못했다.

자신을 믿어주길 바랐으나 믿어주지 않았다. 이런 생각을 끌어안고 살아가는 사람도 많으리라 생각한다.

이런 유형의 사람은

"뭘 해도 성공할 수 없어."

"목표를 이루는 건 무리야."

"언제나 신뢰받지 못해."

하는 전제를 세우고 살아가므로, 시간과 돈 등의 경제관념이 허술하거나 돈이 있어도 공공요금을 제대로 납부하지 못하거나 정리정돈과 자기관리를 지나치게 못 하는 등 자기 일을 스스로 처리하고 해결하는 데 매우 서툴다.

그런데 엄마에게 소중히 길러져 자신을 다이아몬드라고 생각하는 만큼 자존감은 매우 높다.

즉, 엄마에게 사랑받지 못해서 혹은 그렇게 믿어서 '자기긍정감이 낮아 행동하지 못하는 유형'과 엄마에게 사랑받았지만 신뢰받지 못해서 '자존감은 높지만, 어차피 자신은 못 할 거라며 행동하지 못하는 유형'이 있다.

참고로 나는 후자에 속했다.

부모님과의 관계가 최고로 좋은데도 왜 이렇게 살기가 힘든지 늘 의문이었는데, 설마하니 엄마에게 신뢰받고 있다는 감정이 부족한 탓이었을 줄이야!

이 사실을 깨달았을 때는 정말 충격이었다.

"그래, 나는 사랑받았지만 신뢰받진 못한 거야!" 하고 말이다.

사랑받지 못했는가? 신뢰받지 못했는가?

자신이 어느 유형에 속하는지는 아무래도 자신이 가장 잘 알겠지만, 나와 내 주변 사람을 비롯해 내가 상담한 사람들을 두루 살펴보면 형제자매 관계도 이와 관련이 있는 듯하다.

장남이나 장녀는 철저히 엄마의 지배 아래 있어 사랑받지 못한다고 느끼고, 가운데 아이나 막내는 엄마에게 많이 사랑받고 있지만 신뢰받지 못한다고 느끼는 경향이 있다.

**그래서 흔히 장남이나 장녀는
엄마에게 사랑받지 못해서
인생이 잘 풀리지 않는다고 느낀다.**

장남이나 장녀는 동기 간에 유일하게 이름이 아니라 형이나 오빠, 언니나 누나 같은 역할로 불리는 존재다. 그리고 무슨 일이 있을 때마다 "오빠니까." "누나니까." 하고 역할을 부여받아 줄곧 배우처럼 연기해왔으므로, 어른이 되어서도 계속 자기 역할에 충실해지려 한다.

평소 애정 결핍을 느껴, 엄마의 사랑을 쟁취하기 위해 언제까지나 멋진 오빠, 훌륭한 언니로 남고 싶어 한다. 나리심리학에서는 이를 '역할병'이라고 부른다.

**한편, 대부분 가운데 아이나 막내는
엄마에게 지나치게 사랑받아
인생이 잘 풀리지 않는다고 느낀다.**

이 중에는 부모님이 퍼주는 큰 사랑을 받고 자란 사람이 많은데, 동기 간에 어리다는 이유만으로 뭐든지 '못하는' 입장에 있었으므로, 어른이 되어서도 '못하는 아이' 취급을 받아 부모님의 걱정거리로 남는다.

	엄마에게 사랑받지 못한다	엄마에게 사랑받는다
신뢰받지 못한다	• 살아있다는 실감의 농도가 부족하다 • 걱정하고 두려워한다	• 차남·차녀, 막내, 외동이 많다 • '중2병'이 많다
신뢰 받는다	• 장남·장녀가 많다 • '역할병'이 많다	• 살아있다는 실감 100% • 이 세상에 적은 없다

시도 때도 없이 "괜찮니? 손수건 챙겼어?" "숙제는 했니?" "방 청소는 했어?" "넌 정말 손이 많이 가는 아이구나." 하는 말을 들어 신뢰받고 있다는 실감이 부족하다. 사랑받는다고 실감하지만, 신뢰받는다고 느끼진 못한다.

시간을 되돌리지 않아도 지금부터 할 수 있는 일

그렇다면 자기 인생이 잘 풀리지 않는다고 느끼고, 그 원인이 엄마에게 받은 사랑과 신뢰가 부족해서라고 깨달은 뒤에는 어떻게 인생을 바꿔나가야 할까?

실은 이것이 원인 자체보다 중요하다. 이제까지의 인생은 바꿀 수 없으니, 여기에서는 앞으로의 인생을 바꿔나가는 방법을 알려주고 싶다.

먼저, 역할병에 걸린 장남과 장녀는 어떻게 하면 좋을까? 이들은 '엄마에게 사랑받지 못했다'는 생각을 밑바탕에 가지고 있으므로, 인정받기 위해 뭔가 이뤄내야 한다는 압박감에 시달리거나 늘 남의 안색을 살피거나 한다. 그래서 인생이 괴로운 장남과 장녀에게는 마음껏 응석을 부려보라고 말해주고 싶다.

사랑받지 못했다고 느끼는 장남과 장녀는 – 과거로는 돌아갈 수 없으니 – 어쨌든 지금부터라도 남에게 응석을 부리고 되는대로 의지해본다.

그러면
"나도 어리광을 부려도 됐었구나!
내가 이렇게나 사랑받고 있었다니."
하고 실감하고, 스스로 자기 역할을 버려도 괜찮다는 사실을 받아들여 인생의 괴로움이 조금씩 해소되어 간다.

꾸밈없이 솔직한 모습으로도 사랑받을 수 있다는 사실을 안 뒤에 맡은 역할을 충실히 연기하는 배우로서 능력을 마음껏 발휘하면, 어디서든 재능을 펼치며 행복하고 즐거운 인생을 살게 될 것이다.

다음으로, 엄마에게 신뢰받지 못한 가운데 아이나 막내는 이제까지 하지 않던 일을 '시키기 전에 먼저' 해보길 바란다. 그것만으로 주위에서 "굉장한데!" "잘하는걸!" 하고 인정받을 것이다. 어쩌면 엄마에게 "이제 다 컸구나." 하고 인정받아, 신뢰받지 못했다는 결핍감을 직접 해소하게 될지도 모른다.

"응? 조금만 먼저 하면

나도 신뢰받을 수 있잖아!"

이런 체험을 하면 가운데 아이나 막내도 자신감을 되찾아 인생이 조금씩 잘 풀리기 시작한다. 이들은 자신감을 갖추면 그야말로 천하무적이다.

원래 자유롭고 형식에 얽매이지 않는 기질인 데다 활력이 넘치고 행동력이 있으며 창의적이므로 끊임없이 세상을 개척해 나간다.

'사랑'과 '신뢰'.

사랑받지 못해도 인생은 힘들고, 신뢰받지 못해도 인생은 괴롭다. 양쪽이 모두 필요하다. 그것은 인생을 자유롭게 해줄 중요한 핵심 요소지만, 과거로 돌아가 되돌릴 수 없어도 인생은 끝이 아니다.

이제부터라도 얼마든지 보완할 수 있다.

자신이 싫어하는
사람을 닮아가는 법칙

 "우리 회사에 왕언니라고
불리는 여직원이 있는데, 정말
밉상이에요."

 "그래요?"

 "어느 유명인과 밥을 먹었다느니
어디에 가봤다느니 하며 곧잘
떠벌리곤 하는데, 엄청나게
자랑하는 거에 비해서 정작 내용은
별거 없다니까요."

 "아, 그렇군요…….
(당신이랑 비슷한데?)"

"당신처럼 되고 싶지 않아!"의 함정

"절대로 엄마처럼 살지 않을 거야."

"왠지 엄마가 가여워."

"엄마는 즐거워 보이지 않아."

"엄마는 왜 아빠 같은 남자랑 결혼했을까?"

"엄마가 불행해 보여."

"엄마가 미워."

"우리 엄마는 정말 성가셔."

이런 말을 듣고, 뭔가 짚이는 게 있는가?

사실 이는 언제까지나 엄마에게 정신적으로 지배당하고 있는 사람이 자주 하는 말이다.

이런 사람은 자신이 오랜 시간 엄마를 참아왔다는 사실을 마음에 담아두고, 용서하지 못한 채 계속 끌어안고 있다.

"엄마처럼 살고 싶지 않아." 하는 말은 아직 엄마에게서 벗어나지 못했다는 증거다. 그렇다고 해서 엄마처럼 살고 싶다고 생각하라는 건 절대로 아니다. 여기서는 엄마처럼 살고 싶지 않다는 반응에만 주목하길 바란다.

엄마의 지배 아래에서 참고 살아온 사람은 자신이 참아온 것을 다른 사람에게도 참도록 강요한다. 자신이 엄마에게 당한 일을 무의식중에 다른 사람에게 똑같이 해준다. 그러므로 엄마처럼 살고 싶지 않다고 생각하는 사람은 엄마처럼 살게 된다. 아빠 같은 남자와 결혼하지 않겠다고 하면, 아빠와 닮은 남자를 남편으로 고른다. 우리 엄마 아빠 같은 부부 관계는 싫다고 하면, 자신도 그런 부부 생활을 한다.

사람은 자신이 싫어하는 사람을 닮아간다.

원래 사람의 마음이란 그렇게 만들어졌다. 부모와의 관계뿐 아니라 다른 사람과의 관계에서도 마찬가지다. 무책임한 사람을 용서하지 못하면, 자신이 점점 무책임해진다.

돈이 없는 사람을 용납하지 못하면, 스스로 돈에 대한 불안감이 점차 커진다.

으악! 무섭지 않은가?

사람은 흥미로울 만큼 자신이 싫어하는 사람에게로 조금씩 끌어당겨진다. 끌어당겨지지 않도록 저항하려면 힘들게 노력해야 한다. 싫어하는 사람은 자신이 용서하면 알아서 멀어져 갈 텐데 말이다.

분노의 원인은 모두 이것

엄마를 부정하는 한 자신을 부정하게 된다. 그리고 모든 사람을 부정하게 된다.

어린 시절 엄마에게 인정받지 못해서
"엄마가 싫어."
"엄마를 용서 못 해."
"엄마처럼 살기 싫어."

하는 감정을 지금까지 끌어안고 있으면, 분노가 가라앉지 않아 엄마와 마주치기만 해도 다투고 언쟁하며 서로를 거부하게 된다. 둘이 있으면 언제나 "적당히 좀 해!" "왜 이렇게 말귀를 못 알아들어?" "무슨 말을 해도 들어주지 않잖아!" 같은 대화만 반복된다. 하지만 거기에 있는 진짜 감정은 엄마에게 이해받지 못한다는 슬픔이다. 엄마도 자신의 아이에게 이해받지 못한다는 슬픔을 안고 있다.

서로 상대의 슬픔을 알아차리지 못해 생겨난 감정이 분노로 폭발한다. 마치 마그마처럼. 그리고 머지않아 이 분노는 엄마 이외의 사람을 대할 때도 나타난다.

남편과 아내, 자녀, 친구, 직장 상사……

자신과 관련이 있는 모든 사람에게서 똑같이 분노를 느끼며 살아간다. 이는 근본적인 슬픔이 해결되지 않고 남아있기 때문이다. 자신이 이해받지 못한다는 슬픔의 마그마가 마음속에 저장되어 있다.

엄마는 자신이 사는 세계 그 자체다.

엄마에게 이해받지 못한다고 느끼는 사람은 주변 사람에게서도 이해받지 못한다고 느끼며 살아간다.

엄마를 대하는 자세가 주변 사람을 대하는 자세가 된다.

또한 그 전제를 증명하기 위해 현실에 증거를 모으는 것이 인생이므로, 자신은 이해받지 못하는 인간이라는 것을 증명할 증거를 계속 수집한다.

부정당하면 갑자기 화내는 사람, 사과하는 데 매우 서툰 사람, 자신이 하는 일은 뭐든 인정받지 못한다고 느끼는 사람은 마음속에 자신이 이해받지 못한다는 슬픔을 계속 쌓아놓고 있는 사람이며, 나아가 자신을 지배해 온 엄마와 참기를 강요당하고 이해받지 못했던 일을 용서하지 못하는 사람이다.

부정하면 폭발하고, 긍정하면 가라앉는 법칙

그런데, 이를 진정시키는 마법의 단어가 있다.

"그렇구나."

"이해해."

"과연."

"고마워."

"도움이 되었어."

하고 말해보자.

슬픔과 분노는 부정당할수록 커진다.

이제부터 엄마를 긍정하는 말을 해본다. 처음에는 화가 치밀어 오를지도 모른다. 사실은 거짓말이어도 상관없다. 완벽한 거짓말이어도 괜찮다. 이 거짓말은 언젠가 진실이 될 테니까.

흔히 고객 불만을 처리하는 서비스직이나 영업직 사원은 "손님이 화를 내면 일단 한 번 모든 것을 받아들이고 긍정하라." 하고 배운다. 이와 마찬가지다. 사람은 이해받으면 마음이 진정된다.

엄마를 이해하면 엄마의 마음을 가라앉힐 수 있다.

부디 해보길 바란다.

사람을 진정시키는 일은 엄청난 쾌감을 준다. 나도 가끔 욕설에 가까운 비판을 들을 때가 있는데, 반론하지 않고 "네, 잘 알겠습니다! 알려줘서 정말 고마워요!" 하고 반응하면 상대의 태도가 급변한다. "응? 뭐야? 당신 이제 보니 말이 통하잖아. 앞으로도 열심히 해!" 하고 도리어 응원을 받기도 한다. 이럴 땐 정말 기분이 유쾌해진다. 그리고 모두 행복하니까 최고다!

이런 기법은 자신에게도 응용할 수 있다. 예를 들어 저축을 못해서 고민하는 사람은 무엇보다 저축을 못하는 자신을 용납하지 못한다.

남이 자신을 인정해주지 않는 것은 물론 자신도 '난 틀렸어.' 하고 생각하고 있는 한 자기 자신을 용납할 수 없으므로, 슬픔과 분노가 증폭해 폭발하고 만다. 그러면 저축을 떠올리는 것만으로도 화가 치밀고 짜증이 나 공연히 자신을 책망한다. 이래서야 저축을 할 수 없다.

하지만 자신에게 "저축 따위 좀 못하면 어때?" 하고 말해주면, "저축도 못하고, 난 틀렸어." 하며 폭발했던 분노가 가라앉아 더는 신경 쓰지 않게 된다. 문제의 본질은 저축을 못하는 것이 아니라, 저축을 못하는 자신을 탓하는 것이기 때문이다.

실제로 나는 저축을 못하는 것도 굉장한 재능이라고 생각한다. 저축하는 사람의 입장에서 볼 때 저축이 없다는 건 정말 놀라운 일이다. 아, 정말 대단한 담력이 아닌가!

내 지인 중에도 연봉이 1억 원은 족히 넘는데도 저축이 100만 원밖에 없는 사람이 있는데, 정말 즐겁게 사는 듯 보인다. 나는 그 모습을 보며, '아마도 이 사람은 무슨 일이 있어도 웃을 수 있을 거야.' 하고 감탄한다. 즉, 이 사람은 저축을 못 하는 것이 재능이 아니라 다른 대단한 재능이 있으니까 저축을 못 하는 것이다.

이런 관점으로 바라보면, 방을 어지럽히는 사람은 '어질러진 방에 내성을 갖는 재능'이 있고, 낯가림이 심한 사람은 '개인 공간을 소중히 여기는 재능'이 있다고 할 수 있다. 남의 개인 공간을 소중히 여기는 재능이 있다고 해도 좋겠다.

무엇을 못한다는 사실 뒤에는 재능이 잠자고 있을 때가 정말 많다. 그런 식으로 자신을 바라보면, 신기하게도 자신이 못한다는 사실이 아무렇지도 않아진다.

**'못한다, 서툴다'의 반대는
'할 수 있다, 잘한다'가 아니라
'상관없다'가 정답이다.**

흔히 못하는 일은 극복해야 한다고 하지만, 극복하지 않아도 괜찮다. 그보다 그 뒤에 감춰진 재능을 발견하고 길러 나가면 된다.

그 결과 "할 수 있든 할 수 없든 상관없이 그냥 나는 멋지다!" 하고 말하게 된다면 정말 좋을 테니까.

걱정이란
어지간히
성가시다

 "손수건 챙겼니?"

 "응."

 "뭐 잊은 거 없지?"

 "응."

 "우산 꼭 가져가."

 "응."

 "화장실 다녀왔어?"

 "……."

누군가를 걱정하는 건 주제넘는 일이다

"나쁜 일이 일어나면 어떡하지?"

"남자친구가 바람피우면 어쩌지?"

"뉴스에 나온 그 사람 불쌍해서 걱정돼."

"괜찮아? 어쩐지 기운이 없어 보여."

"아무 일도 없다면 다행이지만."

걱정이 습관이 된 사람이 꽤 많으리라 생각한다. 하지만 사실 걱정의 대상이 되는 사람의 입장에서 보면

걱정은 매우 성가시고,

솔직히 말해 정말 짜증 난다.

왜냐하면 걱정한다는 건

"넌 괜찮지 않아."

"넌 안 돼."

"넌 아직 멀었어."

하고 말하는 것이나 다름없기 때문이다.

"제대로 공부했어?" 하고 아이를 걱정하는 말속에는

'어차피 공부하지 않았겠지.'

'내가 알려주지 않으면 틀림없이 모를 거야.'

하는 전제가 숨어 있다.

아이에게 그러한 전제가 전달되면, 아이는 스스로 '어차피 난 아무것도 할 수 없어.' 하고 생각하기 시작한다.

누군가를 걱정하면, 그 상대는 점점 '못하는 사람'이 된다. 이는 아이들뿐 아니라 거의 모든 인간관계에서 마찬가지이다.

- 자신과 배우자
- 자신과 직장 동료
- 자신과 아이

■ 자신과 친구

걱정하면

상대는 점점 더 못하게 된다.

이것이 '걱정하면 할수록 상대가 못하게 되는' 법칙이다. 스스로 "나쁜 일이 생기면 어떡하지?"라고 걱정하는 것은 자신을 신용하지 않는다는 의미이고, "네가 기운이 없어 보여서 걱정돼."라는 건 상대를 신용하지 않으며 상대가 괜찮지 않다고 생각한다는 의미이기 때문이다.

그런데 사실 걱정하는 사람은 걱정함으로써 자신의 존재근거를 마련하는 것이기도 하다. 늘 자식 걱정이 끊이지 않는 엄마는 "부모가 자식을 걱정하는 건 당연하지!" 하는 평계를 들어, 걱정하면 자신이 설 자리가 생긴다고 무의식중에 느낀다.

반대로, 감정 기복이 심한 엄마에게 심리적 버팀목이 되어온 아이는 엄마의 안색을 살피고 엄마를 걱정하면서 자신이 있을 자리를 획득해왔는지도 모른다.

걱정은 '자신의 자리 만들기'이다.

걱정하는 역할을 연기해 자신의 자리를 확보한다. '나는 아

무런 가치가 없어. 어쩌면 흔한 돌멩이인지도 몰라.' 하는 불안
을 해소하기 위해 다른 사람을 걱정한다. 걱정이란 항상 자기
자신을 위한 것이다.

사람은 신뢰받을 때 비로소 성장한다

- 걱정하는 엄마
- 걱정하는 아내
- 걱정하는 남편
- 걱정하는 관객
- 걱정하는 친구
- 걱정하는 상사
- 걱정하는 자신
- 걱정하는 자식

이런 역할을 손에 넣고 안심할 때는 실로 커다란 대가를 지
불해야 한다.

그 대가란,

언제까지고 변하지 않는 상대

언제까지고 성장하지 않는 상대이다.

"왜 내가 사귀는 남자들은 다들 변변찮을까?"

"내가 깨우지 않으면, 남편도 아이도 못 일어나."

이렇게 고민하고 있다면, '걱정하면 할수록 상대가 못하게 되는' 법칙을 이용하고 있어서다.

자신이 걱정하니까 그들이 못하게 된 것이다. 걱정의 대상이 되는 사람이 이러한 걱정을 "정말 귀찮아." 하고 성가시게 생각하는 이유는 그것이 진정한 사랑이 아니라

자신이 설 자리를 만들기 위해

상대를 이용하는 것이기 때문이다.

꺅! 정말로 무섭지 않나? 공포 그 자체다. 본래 사람은 걱정이 아니라 신뢰를 원한다.

신뢰의 반대가 걱정이다.

성장의 반대가 걱정이다.

신뢰는 상대의 실패할 권리를 빼앗지 않는 것이고, 실패를 탓하지 않는 것이다. 상대에게 일어설 힘이 있음을 믿는 것이다.

그리고 결국,

사람은 스스로 해야 배운다.

실패할 권리를 미리 빼앗지 말고, 실패하면 일어나리라는 것을 믿는다. 그것이 진정한 사랑이다. 앞서서 해주는 것은 사랑이 아니다. 긴 안목으로 보면 상대에게 매우 해가 되는 행위이다.

"신뢰할 수 있게 행동하면 신뢰해줄게."라고 했을 때는 이미 늦다. 사람은 먼저 신뢰받아야 그 신뢰에 걸맞게 성장하기 때문이다.

지옥으로 가는 데스로드에서 이제 슬슬 빠져나올 때

"사랑해."

"좋아해."

"지금 그대로 좋아."

"변하지 않아도 괜찮아."

"정말 고마워."

"늘 고마워하고 있어."

엄마에게 사랑받지 못했다고 생각하며 살아온 사람은 이제까지 살면서 정말 많은 사람에게서 이처럼 자기긍정감을 높여주고 자신이 다이아몬드라는 사실을 깨닫게 해주는 말을 들어왔을 테지만, 이를 곧이곧대로 받아들이지 못한다.

그래서 사랑받기 위해, 지금의 자리에 있기 위해, 성장하기 위해, 변하기 위해 즉, '무언가'를 얻기 위해 끊임없이 노력하는 인생을 살아왔을 것이다.

그 '무언가'를 손에 넣으면 안심할 수 있을 것 같아서다. 하지만 유감스럽게도 그것을 손에 넣어도 안심할 수 없다. 자신이 정말로 원하는 것은 돈이 많거나 훌륭하거나 멋지거나 자랑스럽거나 성공하거나 인정받거나 높이 평가받는 자신이 아니라,

'있는 그대로의 자신'

이기 때문이다. 단지 그뿐이기 때문이다.

무조건 자신을 인정해주고 싶다. 여기에 있어도 좋고, 지금 그대로도 괜찮다고 생각하고 싶다. 이처럼 무조건 자신을 인정

해주기 위해 마주해야 할 것은 사회와 세상과 일과 돈이 아니다. 오로지 '엄마와의 관계'이다.

자신은 엄마에게서 무조건 인정받고, 무조건 사랑받길 원했다. 하지만 엄마는 자신을 조건부로 사랑했다.

"공부를 잘하니까."

"얌전히 집을 잘 보니까."

"방을 깨끗이 정리하니까."

"문제를 일으키지 않으니까."

"어리광 부리지 않으니까."

이렇게 엄마는 자신이 조건을 완수했을 때만 사랑해주었다. 엄마에게 사랑받고 싶어서 엄마의 이상적인 아이가 되려고 필사적으로 노력했다.

그렇다, 모든 것은 사랑 때문이다.

사랑받고 싶어서 엄마가 하는 말에 반론할 수 없었다. 그대로 따르기만 했다. 엄마의 안색을 살폈다. 엄마의 눈치를 봤다.

그렇게 어릴 적부터 줄곧 열심히 노력만 하다가 몹시 지쳐버린 자신은 어른이 된 지금 그러한 조건부 사랑을 엄마가 아닌 다른 무언가에서 구하고 있다.

엄마에게 받고 싶었던 것을 엄마 이외의 대상에게서 받으려 한다. 이것을 나리심리학에서는

'지옥으로 가는 데스로드'
라고 부른다.

사랑을 원하는 욕구의 방향이 사회를 향하면, 일할 때는 인정받고 싶다는 일념으로 소처럼 죽을힘을 다하거나 "난 어차피 못해." "나 따위가 뭘 하겠어?" 하며 포기하고 누군가를 원망한다. 연애할 때는 "더 사랑받고 싶어." "나를 이해해줘." "나를 더 소중히 여겨줘." 하고 상대를 옭아매거나 어차피 자신은 사랑받지 못한다며 상대를 탓하고 미워한다.

그저 자신은 조건 없는 사랑을 원했을 뿐이다. 지금 그대로 괜찮다고 엄마에게 인정받고 싶었을 뿐이다.

우리는 모두 '나는 있는 그대로 괜찮다'고 생각하고 싶어서 열심히 노력한다. 엄청난 모순이지만, 이런 생각은 매우 집요해서 좀처럼 빠져나오기 힘들다.

그런데 잠깐만, 이렇게 생각해보면 어떨까?

만약 자신이 줄곧 갈망해온 사랑이 이미 존재하고 있다면?

사실은 엄마가 자신을 사랑하고 있었다면?

사실은 엄마도 조건 따위 붙이고 싶지 않았다면?

세상이 지금까지와는 조금 다르게 보일지도 모른다.

용서하지
않아도 괜찮다,
엄마를 조금 이해해본다

 "그래도 역시 엄마를 용서할 수
없어요."

 "정말 화가 나죠?"

 "네, 대체 왜 그랬을까요?"

 "그러니까요!
정말, 대체 왜 그랬을까요?"

엄마의 저주를 푸는 방법

지금부터는 조금 듣기에 불편한 주제를 다뤄볼까 한다. 자신의 인생이 자꾸 꼬이는 이유는 앞에서도 말했듯 '엄마와의 관계'에 있으므로, 인생을 바꾸고 싶은 사람은 이 부분을 모른 척하면 안 된다. 물론 마주하기 불편할지도 모르지만, 어쨌든 피하기만 해서는 해결되지 않는다.

지금 피해서 지나가도 언젠가 반드시 다시 마주해야 할 때가 오므로, 지금 "이얍!" 하고 용기를 내 마주하길 바란다. 참고로, 엄마를 마주하라는 것은 엄마와 사이좋게 지내라는 의미가 아니다. 엄마를 이해해보라는 의미다.

지금까지 살면서 인생이 잘 풀리지 않아 괴로웠던 이유는 대부분 엄마의 '저주' 때문이다.

"하지 마."

"하면 안 돼."

"그러면 못써."

"그건 나빠."

"제대로 좀 해."

"남한테 폐를 끼치면 안 돼."

"공부를 못하면 안 돼."

"대체 왜 못하는 거야?"

이렇게 엄마에게서 수없이 많은 저주를 들었다. 벽에 부딪혀 더는 나아가기 힘들 때 새로운 자신이 되고 싶지만 한 발짝도 내딛지 못하는 이유는 어린 시절 엄마에게 들은 저주가 지금까지도 영향을 주기 때문이다.

- 대뜸 짜증이 난다.
- 생각대로 되지 않아 화가 난다.
- 어쨌든 참을 수 없다.
- 자존심이 너무 강하다.
- 실패를 지나치게 두려워한다.

- 남의 눈을 너무 신경 쓴다.
- 순간순간을 모면하려 애쓴다.
- 끝까지 해내지 못한다.
- 뭘 하든 어중간하다.
- 자기 의견을 말하지 못한다.
- 웬만하면 그냥 참는다.
- 세상이 무섭다.

이런 경향이 있는 사람은 아직도 마음속에서 엄마의 지배를 받고 있다. 걸핏하면 짜증을 내거나 말만 앞서고 행동이 따르지 않는 것, 무슨 일을 하든 어중간하거나 세상을 무서워하는 것 모두 엄마에게 받은 저주 때문이다.

바꿔 말하면, 지금까지도 자기 눈앞에 닥친 현실에 대한 책임을 엄마에게 떠넘긴 채 살아가고 있는 것이다. 과거에만 계속 머물러 있고 지금을 살지 못하는 사람, 엄마의 가치관을 지켜나가기 싫은 사람은 엄마의 저주에서 벗어날 방법을 찾아야 한다.

그것은
왜 엄마가 나에게 저주를 내렸는지

이해하는 것이다. 이보다 더 좋은 방법은 없다. 그리고 이 물음에 대한 답은 오로지 하나다.

사랑하기 때문이다.

엄마에게 받은 수많은 지적과 통제, "이렇게 해라." "저렇게 해라." 하는 명령에 정말이지 모든 의욕을 잃어버린 아이는 자신이 엄마에게 사랑받고 있지 않다고 생각한다. 그 마음도 이해하지만, 그렇다면 엄마는 대체 왜 그랬을까?

자신이 낳은 아이를 괴롭히고 싶어서?

아마 아닐 것이다.

엄마는 아이를 사랑하기 때문에 무의식중에 저런 말과 행동을 했다.

그렇다, 엄마는 자기도 모르게 실수를 저질렀다.

엄마도 인간이다. 자신이 어릴 적엔 엄마도 이제 막 엄마가되어, 여자로서도 인간으로서도 아직 미숙했다.

어른이 되고 보니, 이제 이해가 되지 않나?

스무 살은 제법 어른이고, 서른 살은 완전히 어른이고, 마흔 살은 이제 세상일이라면 뭐든지 알 정도로 완벽한 어른일 거라고 생각했다. 그런데 딱히 그렇지도 않지 않은가? 하하하.

어른이 되고 나서 비로소 알게 된 사실.

엄마는 미숙했다.

"그거 뭐, 자녀 양육 정도 실수할 수도 있지!" 하고 면박을 주며 웃어넘기면 어떨까?

어린 시절 자신이 엄마를 전지전능한 어른으로 착각했을 뿐이라는 사실을 깨닫자. 게다가 자신이 예전에 두려워하던 엄마는 이제 나이가 들어 나를 옭아맬 힘이 없다.

그 시절 무섭던 엄마는
이제 그저 평범한 아줌마다.

이것이 현실이다. 완벽한 엄마가 한 말이니까 어른이 된 지금까지 엄마의 말에 얽매여 왔다. 하지만 엄마는 완벽하지 않았다. 어른이 된 지금은 조금 이해할 수 있다.

"엄마는 나를 잘못 키웠어."
"뭐, 하지만 잘못했다고 할 것까지야 있을까?"

"미숙했으니까 어쩔 수 없잖아?"

"엄마도 불안하고 또 불안했을 거야."

"지금이라면 이해할 수 있어."

이렇게 자기 마음속에 남아있는 완벽한 엄마를 조금씩 내려놓는다.

'가해자는 늘 예전엔 피해자였다'는 법칙

그렇다고 해도 대뜸 "엄마를 용서하고 행복해지세요!" 하고 말한다면 지나치게 이상적인 요구라는 것을 나도 알고 있다. 그러므로 일단 왜 엄마가 '그런 엄마'가 되었고, 왜 '그렇게 아이를 키우게 되었는지' 생각해보면 좋겠다.

엄마는 아이의 입장에서 보면 가해자다. 그런데 아이의 인생을 좌우할 저주를 건 가해자이면서 동시에 피해자이기도 하다.

가해자는 늘 예전엔 피해자였다.

사람은 불안할 때 다른 사람에게 창끝을 겨눈다. 그리고 상처를 입힌다.

- 비판하는 사람
- 부정하는 사람
- 험담하는 사람
- 화내는 사람
- 혼내는 사람
- 비난하는 사람
- 말투가 사나운 사람
- 명령하는 사람
- 남을 조종하려는 사람
- 남을 지배하려는 사람

이들의 본심은 그저 불안하고 슬플 따름이다. 피해를 입은 사람은 그 영향을 받아 이윽고 본인이 가해자가 되어 새로운 피해자를 만들어낸다. 그리고 새로운 피해자는 다시 다음 가해자가 된다. 이것이 이른바 슬픔의 연쇄다.

영화나 만화에서도 악역 중에는 슬픈 사람이 많고, 실제 범죄의 가해자 중에도 슬픈 사람이 많다고 한다. 악의의 밑바닥에는 언제나 슬픔이 깔려 있다.

분노는 불안과 슬픔에서만 생겨난다. 즉, '분노하는 사람(가해자'은 '불안하고 슬픈 사람(피해자)'이다.

만약 자신이 지금 강한 불안감을 느끼며 생활하고 있다면, 그것은 아마도 부모의 불안과 슬픔을 이어받았기 때문일 가능성이 매우 높다.

그리고 자신이 엄마에게 사랑받지 못했다고 느끼며 살아왔다면, 분명 엄마도 어릴 적에 자신과 똑같은 감정을 느꼈을 것이다. 엄마도 지금의 자신처럼, 엄마의 엄마에게 사랑받지 못했다고 느낀 게 아닐까.

이들의 슬픔을 따라가다 보면, 대게 '자신의 힘으로는 어쩔 수 없었던 일'에 다다른다. 자신의 힘으로 어쩔 수 없었던 일은 사고다. 사고는 우연히 일어난 슬픈 사건이다.

예를 들어, 엄마는 어릴 적 교통사고로 부모를 잃고 홀로 친척 집에서 눈칫밥을 먹고 살며 세상은 괴로운 곳이라고 생각했다. 그래서 엄마는 자신의 아이가 이 힘든 세상을 잘 헤쳐나가도록 엄하게 가르쳐야겠다고 결심했고 이를 실행에 옮겼다. 이는 실제로 내가 들은 이야기다.

엄마가 어릴 적 교통사고로 부모를 잃은 것은 우연이다. 이일로 인해 엄마는 세상을 괴로운 곳이라고 생각하게 되었다. 엄마는 자신의 힘으로 어쩔 수 없는 일에 휘말린 것이다.

다른 예를 들어보자. 엄마의 부모님이 운영하던 회사가 갑자기 도산했다. 이것도 인생에서 일어날 수 있는 사고다. 갑자기 생활이 어려워진 사실을 남부끄럽게 여긴 부모님에게서 엄마는 "사람들 눈을 신경 쓰면서 살아라." 하는 말을 들으며 자랐다. 이것도 하나의 저주이며, 자기 힘으로 어쩔 수 없는 일이 원인이었다.

마지막으로 예를 하나 더 들면, 전쟁으로 남편을 잃은 엄마가 죽을힘을 다해 아이를 키웠다. 엄마가 혼자 아이를 키우는 것은 상상 이상으로 힘든 일이었다. 엄마는 돈을 벌기 위해 필사적으로 일했고, 그만큼 아이에게 신경 쓸 여유가 부족했다. 하지만 아이를 위해서 어쩔 수 없었다. 아이에 대한 엄마의 사랑이 깊었던 것은 사실이나 엄마와 지낸 시간이 절대적으로 적었던 아이는 '엄마에게 사랑받지 못했다'고 생각했다. 그리고 그 슬픔은 세대를 넘어 그 아이의 아이에게까지 이어졌다.

하지만 사고로 부모를 잃은 엄마, 부모의 회사가 도산해 어려움을 겪은 엄마, 전쟁으로 남편을 잃은 엄마에게서 길러진 엄마를 대체 누가 탓할 수 있을까.

물론 세대를 뛰어넘어 슬픔을 전한 원인은 되었을지 모른다. 하지만 그렇다고 해도 그것은 엄마 탓이 아니다. 지금으로부터 70년을 거슬러 올라가면 우리의 역사는 전쟁과 맞닥뜨리게 된다. 그러므로 나는 아직도 전쟁의 슬픔이 이어지고 있다고 생각한다.

가해자는 늘 예전엔 피해자였다.
그리고 거슬러 올라가다 보면, 최초의 피해자는 우연한 사고에 의해 생겨났다.

"네 탓이야!"라고 비난하기 위해 자신을 괴롭히는 건 이제 그만

"우리 부모님이 나빴으니까 내 인생이 엉망진창인 거예요."

"저런, 그렇군요."

"엄마의 사랑받지 못해서, 일도 연애도 인간관계도 뭐든 잘 풀리지 않는 거라고요."

"짧은 편지 한 장으로 그것을 바꿀 수 있어요."

저주받은 아이의 복수극

결국 누구의 탓도 아니다. 상대에게도 원인은 있겠지만 상대의 탓이라고 할 수는 없다. 거기에는 악의가 아닌 슬픔만 있기 때문이다.

누군가를 탓해도 해결되지 않는다. 누군가를 적으로 삼아 원망해도 여전히 괴로울 뿐이다. 그런데도 엄마의 저주 아래에서 사랑받지 못한다고 느끼며 자란 아이는 어른이 되어 장대한 복수극을 펼친다.

심리적으로 누군가의 얼굴 위에 엄마의 가면을 씌우고 "사랑받고 싶어." "나 좀 이해해줘." 하고 따라다닌다. 최악의 경우엔

스토커가 되거나 연애 집착증에 빠지기도 한다. 그리고 "엄마가 나를 이해해주지 않으니까 나는 여전히 이해받지 못하는 거야."라며 계속해서 완벽하게 이해받으려 한다.

이것은 엄마에게 불행한 자신을 보여주는 복수다. 엄마에게 충성을 맹세하고, 엄마의 명령을 언제까지나 충실히 따르며, 남의 안색을 살피고, 언제까지나 어린아이로 머물러있다.

혹은 "넌 정말로 아무것도 못하는구나." 하는 엄마의 저주를 참말로 받아들여 "빨리 자립하고 싶어!" 하고 혼자서 자립해 나가기를 고집하거나 "엄마처럼 살지 않을 거야." 하고 결심해 엄마와 철저히 다른 길을 걸어가려고 한다.

이렇게 되면 인생은 잘 풀리지 않는다.

이 모든 것이
엄마를 향한 복수
이기 때문이다.

"엄마가 사랑해주지 않았으니까 이렇게 된 거야."
"엄마가 하라는 대로는 절대 안 해."
이렇게 지금도 계속 복수하고 있다.

그리고 복수의 최종 단계는 자신을 불행하게 만드는 것이다.

"당신(엄마)이 키운 아이가 이렇게 불행해졌어. 당신(엄마)은 아이를 잘못 키운 거야!" 하고 몰아세우기 위해서!

재미있지 않은가?

엄마에게 복수하기 위해서 자신이 불행해진다!

이 사실을 깨닫고 나는 정말 깜짝 놀랐다.

엄마에게 사랑받지 못한다고 생각하는 사람은 "봐, 당신이 키운 아이는 사회에서도 주변 사람에게서도 사랑받지 못하고 쓸모없는 인간 취급을 받고 있어! 당신이 아이를 잘못 키운 거야! 어때? 어서 후회해!" 하고 몸부림치고 있으며, 엄마에게 신뢰받지 못하는 사람은 "자, 당신 아이는 이런 것도 못해! 당신이 어릴 적부터 뭐든지 못하는 아이 취급했으니까! 지금까지 못하는 거야! 자, 보라고!" 하고 악을 쓰고 있다.

아, 물론 복수할 의도가 없다는 것은 충분히 안다. 나도 절대로 그럴 생각은 없었으니까. 하지만 유감스럽게도 지금 자신은 분명히 복수하고 있다.

복수극을 끝내는 말

앞에서 엄마를 보는 눈이 세상을 보는 눈이라고 설명했다. 엄마를 용서하지 않는 한 자신도 세상과 주변 사람에게 용서받을 수 없다. 정말로 자기 인생을 바꾸고 싶다면, 가장 먼저 엄마를 용서해야 한다.

지금부터 엄마를 용서하기 위한 말을 알려주려 한다.

부디 소리 내어 읽어보길 바란다.

엄마, 고마워.

엄마도 완벽하지 않다는 거 알아.

당연하지.

엄마가 늘 나한테 했던 말, 어른이 된 지금은 이해해.

완전히 틀린 말이었다고 말이야.

하지만 어쩔 수 없었겠지.

나를 낳았을 땐 엄마도 아직 어렸으니까.

20대, 30대는 아직 미숙하고 어리석잖아.

이제 어른이 된 내가 하는 말이니까 틀림없어.

나도 어른이 되었지만 의외로 아직 바보거든.

그러니까 이제 상처받았던 말들은 잊을게.

엄마의 어리석음을 용서할게.

엄마는 바보였어.

엄마는 틀렸어.

하지만 나를 생각해서 그렇게 말했다는 것도

지금은 이해해.

정말로 고맙게 생각해.

고마워.

엄마가 나에게 걸었던 저주는 사실 사랑이었어.

엄마가 나에게 했던 것처럼

나도 내 소중한 사람들에게 나도 모르게 심한 말을

할 때가 있어.

불안해서, 그 불안으로부터 벗어나려고.

그건 사랑이라는 이름의 저주가 될지도 몰라.

엄마, 난 아직 미숙해.

그리고 엄마도 미숙하지.

우린 미숙한 사람들이야.

미숙함을 벗어내려 노력했지만, 불가능했어.

미숙함은 '나쁜 것'이라고 생각했어.

엄마에게 그렇게 배웠으니까.

하지만 애초에 미숙함이 나쁘다는 사고방식 자체가

정말 어리석었어.

좀 미숙해도 괜찮지 않을까?

미숙하게 살아가면 좋은 점도 있지 않을까?

그래, 미숙해도 상관없을지도 몰라.

난 이제 미숙한 자신을 용서할 거야.

그리고

미숙한 엄마도 용서하고 싶어.

세상의 많은 사람을 믿어볼까 해.

엄마, 사랑이라는 이름 아래 저주를 걸어줘서 고마워.

하지만 이제 필요 없으니까, 슬슬 버릴게.

지금까지 정말 고마워.

미숙하고 서툰 엄마를 사랑해.

 자, 기분이 어떤가? 홀가분한 사람도 있을 테고, 더 불안해
진 사람도 있을지 모르겠다. 떠오르는 생각을 있는 그대로 받아
들여보길 바란다.

걱정거리를 없애는
나리심리학

사람은
이해하는 것만으로
바뀐다

 "담배를 끊고 싶은데 끊을 수가 없어요. 뭔가 좋은 방법이 없을까요?"

 "담배를 끊는 것쯤이야 간단하죠."

 "정말요? 어떻게 하면 되나요?"

 "담배를 사지 않으면 됩니다."

 "뭐예요……. 그게 가능하면 고민하지도 않죠."

 "아니, 사실은 끊고 싶지 않죠?"

사람이 바뀌려면 '이해'나 '체감'이 필요하다

사람이 바뀌려면 이해나 체감이 필요하다.

무슨 말인지 음주운전을 예로 들어 설명하면,

"음주운전을 하면 위험하니까 절대로 하지 말자." 하는 것은 이해다.

　반대로 음주운전을 해서 사고를 일으킨 뒤에 그제야

　"아아, 역시 음주운전은 하면 위험하구나. 이제부터 절대로 하지 말아야지."

　하는 것은 체감이다.

　그런데 잠깐, 체감한 뒤에는 너무 늦지 않은가!

어느 쪽이든 음주운전을 하지 않는다는 선택과 행동을 하겠지만, 전자는 사전에 위험을 막고 후자는 위험한 일을 당하고 나서 겨우 행동을 바꾼다. 이는 너무 위험하다.

사람은 경험을 통해 배우는 생물이지만, 이해만으로도 충분히 배울 수 있다.

호된 시련을 겪거나 힘들게 체감하지 않고도 인생을 바꾸는 방법이 있다면, 그편이 훨씬 안전하지 않을까? 그래서 나는 사람의 마음과 세상만사가 작동하는 원리를 알고 이해해 인생을 바꿔보자고 제안하고 싶다.

실제로 사람은 이해하기만 해도 바뀐다.

"바뀌고 싶지만 너무 힘들어."

"이해는 하는데 못 하겠어."

"난 확실히 이해했을 때만 행동하는 성격이라서."

가끔 이렇게 말하는 사람이 있는데, 유감스럽게도 이런 사람은 아직 이해하지 못했다.

"머리로는 이해하는데, 몸이 따라주질 않아." 하는 말은 결국 머리로도 이해하지 못했다는 의미다. 그리고 머지않아 막을 수도 없고 바꾸지도 못할 강렬한 체감을 하게 된다.

"건강관리에 소홀했다가 큰 병에 걸렸어."

"음주운전으로 다른 사람에게 큰 상해를 입혔어."

"도박을 끊지 못해서 파산하고 말았어."

이렇게 되는 것이다. 하지만 구태여 이렇게까지 할 필요가 있을까?

사람은 깨달으면 바뀐다.

먼저 자신의 존귀함을 깨닫고,

자신을 제대로 이해해 인생을 바꿔보자.

담배를 끊고 싶은데 끊지 못하는 사람의 심리

담배나 간식 등 뭐든지 "끊고 싶은데 끊을 수가 없어!" 하고 말하는 사람이 있다면, 그 말속에 담긴 생각의 정체는 명확하다.

끊지 못하는 자신을 비난하고 싶은 것이다.

이러한 심리는 어떤 구조로 되어 있을까?

일단 가장 먼저 자기 안에 '비난하고 싶다'는 생각이 존재한다. 이는 다음과 같은 과정으로 진행된다.

"뭐 비난할 거 없을까?"

"그래, 자신을 비난하자."

"어떻게 비난할까?"

"그렇지! 담배는 피우지 않는 편이 좋으니까, 담배를 끊고 싶다고 생각하고 끊지 못하는 자신을 비난하는 거야."

"좋아, 실컷 비난을 퍼부었어."

"잘했어! 목표 달성!"

이처럼 먼저 비난하고 싶다고 생각하고, 다음으로 이를 위해 자신을 이용한다.

그렇다면 구태여 왜 자신을 비난하고 싶어 할까?

미리 비난해두면, '하지 않아도' 상관없기 때문이다.

무엇을 하지 않아도 상관없다는 말인가?

이 경우 담배를 끊고 싶다는 것은 눈속임이다. 그 이면에는 '그밖에 하지 않고 내버려 둔 무언가'가 반드시 숨어 있다.

하지만 담배를 끊고 싶다는 거짓 과제를 들이밀며 "나는 틀렸어." "나는 할 수 없어." "나는 정말 형편없어." 하고 철저히 자신을 비난해두면, 원래 자신이 '해야 하는데 하지 않고 내버려 둔 무언가'를 하지 않거나 못해도 혹은 그를 위해 행동하거나 바뀌지 않아도 '어쩔 수 없다'는 결론에 도달하기가 쉬워진다.

원래 자신은 이것밖에 안 되는 인간이므로 할 수 없는 게 당연하다고 생각할 수 있기 때문이다.

하지만 여기에서 확실히 자각해야 할 것이 있다.

자신이 부족해서 할 수 없었던 혹은 하지 않고 내버려 둔 무언가는 인생을 바꿀 만큼 중요하고 강한 영향력을 발휘하는 일이다.

물론 자신도 마음속으로는 그 사실을 잘 알고 있다.

그렇다,

알고 있으니까 무서워서 하지 못하는 것이다.

원래 나는 프로 뮤지션이 되려고 시골에서 상경한 기타리스트였다. 죽도록 서툴고 웃음도 나오지 않을 만큼 형편없는 실력이었지만, 그래도 음악으로 밥 벌어 먹고살기를 꿈꿨다. 그러려면 기타 연습에 매진해야 하는데, 연습량이 턱없이 부족했고 당연히 실력은 늘지 않았다.

당시 나는 심리학 같은 건 알지도 못했으므로 "왜 연습하고 싶은데 할 수 없는 거야!" 하고 자신에게 비난을 퍼부었고, 결국 음악으로 먹고살기를 포기하고 음악을 관뒀다. 그만둔 직후에는 인생의 전부를 잃은 듯 불안과 공포로 괴로웠다.

하지만 동시에 엄청 홀가분했던 것도 사실이다.

지금은 그만둔 것이 정답이었다고 절실히 느낀다.

만약 당시에 내가 외고집을 피우며 "난 음악으로 먹고살 거야. 그러니까 기타를 잘 치고 싶어. 그런데 기타 연습을 할 수가 없어. 대체 왜냐고, 왜!" 하고 계속 자신을 비난했다면, 지금쯤 장래가 불투명한 별 볼 일 없는 기타리스트나 프리터(아르바이트나 파트타임으로 생활을 유지하는 사람)가 되어 있었을지도 모른다.

그러니까 결국,

하고 싶은데 할 수 없다는 건

하고 싶지 않은 것이다.

하지 않는 자신을 탓할 필요도 없고, 하고 싶지 않은 일이니까 당연히 안 해도 상관없다.

그리고 무엇보다 하지 않는 자신을 인정한다. 그런 자신을 용서하고 인정할 때 인생을 바꿀 만큼 정말 하고 싶은 일을 찾게 된다. 실제로 내가 그랬다.

하고 싶은 일이 뭔지 모르겠다는 건 거짓말

"하고 싶은 일이 뭔지 모르겠어."

이렇게 말하는 사람이 있다. 게다가 꽤 많다.

본인은 비교적 진심으로 고민하고 있다지만, 사실 마음속을 자세히 들여다보면 그것은 거짓말이다. 그렇다고 해도 의도적으로 거짓말을 하려는 것도 아니고, 실제로 본인이 괴로워하고 있으니 여간 성가신 일이 아니다.

그런데 하고 싶은 일이 뭔지 모를 때의 해결 방법은 의외로 간단하다.

하고 싶은 일이 뭔지 모르겠으면,
아무것도 하지 않으면 된다.

애초에 "하고 싶은 일이 뭔지 모르겠어." 하는 말속에는 자신이 반드시 무언가를 해야 하고, 무언가가 되어야 한다는 강박한 믿음이 담겨 있기 때문이다.

무언가 해야 한다는 믿음은 누군가에게 강요받은 것이다. 이 고민을 정확히 표현하면 "뭔가 해야 할 것 같은데, 뭘 하면 좋을지 모르겠어."이다.

즉, 다른 누구도 아닌 자신이 스스로 무언가 해야 한다고 세뇌하고 있다.

왜 이렇게 세뇌하는가? 그 이유도 간단하다.

하고 싶은 일을 찾지 못하는 이유가
지금 하기 싫은 일을 하고 있어서

이기 때문이다.

사람은 하기 싫은 일을 하거나 참아야 할 일이 생기면, 자신이 정말 원하는 일을 하고 싶다고 바라게 되는 법이다.

요컨대 지금 하는 일이 싫고 여기에서 벗어나고 싶다. 하지만 진정으로 원하는 일은 찾을 수 없다. 그래서 결국 "내가 정말 좋아하는 일이 뭔지 모르겠어." "내가 하고 싶은 게 뭔지 모르겠어." 하는 결정적인 대사를 내뱉고 만다.

거기에 담긴 본심 즉, 자신이 정말 하고 싶은 일이란

지금의 현실에서 벗어나는 것이다.

그러므로 하고 싶은 일이 뭔지 모르는 사람은 일단 아무것도 하지 말아 본다.

정말 아무것도 하지 않으면, 죄책감과 초조함이 맹렬히 끓어오른다. 지금 자신이 해야 할 일은 이처럼 부글부글 끓어 물 위에 떠오른 '불순물' 같은 감정과 마주하는 것이다.

그리고 이때 느끼는 생각을 아무런 판단 없이 노트나 스마트폰에 메모한다.

이것이야말로 자신이 하기 싫은 일을
그만두지 못하는 이유다.

또한 하고 싶은 일을 찾지 못하는 이유이자 하고 싶은 일을 하지 않는 이유이기도 하다.

예를 들어 자신은 항상 남에게 무언가 주어야 한다는 의무감에 빠져있거나, 엄마에게 걱정을 끼치지 않도록 언제나 우등생이어야 한다는 압박감을 느끼고 있다. 이러한 사실을 깨달았다면, 자신을 그러한 부담과 억압에서 해방시켜야 한다.

"그래, 이건 강제가 아니야. 하지 않아도 괜찮아."

이렇게 생각하면 진정으로 자신이 하고 싶은 일이 보이기 시작한다.

다른 예로, 매일 바쁜 집안일 때문에 스트레스를 받고, 아이들에게 시달려 힘들고 지친 엄마가 있었다.

그런데 "매일 밥하지 않아도 괜찮아." "모든 집안일을 내가 다 해야 하는 건 아니야." 하고 깨달았더니 마음이 편해져 가끔 외식을 하거나 배달 음식을 시켜 먹을 수도 있게 되었고, 아이들에게 더 상냥해졌으며 집안일이 오히려 더 즐거워졌다.

이런 예는 드물지 않다.

나아가 '아내는 집에서 밥하는 걸 좋아해.' 하고 생각하던 남편이 아내의 변화를 보고 "아이는 육아 도우미를 불러서 맡기고 둘이서 저녁 먹으러 가지 않을래?" 하고 권하거나, 집안일을 대행업체에 맡긴 뒤에 하고 싶었던 취미를 시작할 여유가 생겨 "아! 난 이런 게 하고 싶었구나!" 하고 깨달아 하루하루가 행복해졌다는 경우도 있다.

불순물 같은 감정을 깨닫고 이를 걷어냈더니, 정말로 하고 싶은 일을 찾게 된 것이다.

참고로 나는 항상 "인생은 무조건 즐겨야 해!" 하고 생각했다. 하지만 항상 즐겨야 하는 인생이란 솔직히 괴롭다.

하지만 "별로 즐기지 않아도 상관없어." "그건 강제가 아니야." 하고 깨달았더니, 반대로 하루하루가 정말 즐거워졌다. 불순물을 걷어내지 않으면, 억지로 하고 싶은 일을 찾아 노력해도 불순물에 가로막혀 어차피 잘되지 않는다.

그러므로 일단 아무것도 하지 말고 마음에 떠오르는 불순물을 제거해보자.

눈앞의 현실은 연기, 불씨를 잡아라!

 "아악, 연기가!" (부채질한다)

 "어이, 이봐! 부채질하면 불길이 더 타오르잖아."

 "도와줘요! 콜록콜록." (계속 부채질한다)

 "불씨를 잡으라니깐!"

자기 안의 전제를 깨닫는다

흔히 걱정거리가 있을 때 '현실을 직시' 하라고 하는데, 나리심리학에서는 그것이 의미가 없다고 단언한다.

왜냐하면
눈앞의 현실은
어제까지의 자기 생각과 행동에 대한 응답이기 때문이다.

지금 가지고 있는 돈이 없든, 자신감이 떨어졌든, 이혼 문제로 괴롭든, 남편이나 애인이 바람을 피워서 힘들든, 눈앞의 현실을 마주해 어떻게든 상황을 바꿔보려 애써도 아무것도 달라지지 않는다.

현실은 과거의 결과일 뿐이다.

과거와 마찬가지로 현실은 이제 바꿀 수 없다.

이를테면,

눈앞의 현실은 연기와 같다.

현실을 바꿔보려 발버둥 치는 것은 연기를 입으로 후후 부는 것과 같다. 아무리 불어도 연기는 날아가기는커녕 다시 뭉게뭉게 피어오르고, 자칫하다가는 불씨가 바람을 맞아 불길이 더 거세지고 연기도 자욱해진다.

그렇다면 여기에서 불씨는 무엇일까?

그것은 자신이 어떤 전제로 살아가고 있는지를 의미한다.

조금 다르게 표현하면, 전제는 영사기 속 필름이고 현실은 이를 통과해 스크린에 비친 영상이다.

필름의 밑바탕에 축적된 전제는 태어난 순간부터 어제까지의 경험과 그에 대한 생각 등으로 이루어져 있다.

심리적인 관점에서 보았을 때 가장 큰 영향을 주는 것은 '엄마와의 관계'지만, 그 외에도 아빠가 전근이 잦아 자주 이사했다든지, 집이 가난해서 돈이 없었다든지, 초등학교 때 집단 괴롭힘을 심하게 당했다든지 등 다양한 일이 원인이 되어 형성된 전제가 영사기 속 필름에 기록되어 있다.

부정적인 사건이나 환경뿐 아니라 학급에서 가장 달리기를 잘했다든지, 가장 예뻤다든지 등의 긍정적인 일도 모두 필름에 기록되어 있어 그것이 오늘 그대로 상영된다.

그러므로 스크린에 비친 영상을 향해 "아니야, 틀려!" 하고 소리치거나 심하게는 스크린을 찢어버린다고 해도 바뀌는 것은 없다.

그런데 이 전제에는 까다로운 일면이 있다.

전제는 어제까지의 기억이다. 다시 말해,

자기 생각일 뿐 진실이 아니다.

과거에 멋대로 생각한 전제가 오늘을 만들었다면, 오늘 전제를 바꿈으로써 내일 비칠 영상을 바꿀 수 있다.

쓰고, 고마워하고, 버리면 전제가 바뀐다

미래를 바꾸는 '전제를 다시 쓰는 3단계 방법'을 소개한다.

1 일단 자기 생각을 무엇이든 노트에 써본다.

지금 자신이 처한 상황을 쓰고, 그에 관해 어떻게 생각하는지 덧붙이면 간단하다.

직장에서의 인간관계가 원만하지 않은 상황이라면, 그에 관한 자기 생각을 전부 적어본다. 예를 들면 다음과 같다.

"다른 사람과 의사소통하는 데 서툴다."

"반드시 무언가 나쁜 일이 일어날 것이다."

"남들이 나를 좋아할 리 없다."

"왠지 모르겠지만, 어쨌든 소외감을 느낀다."

"주변에서 항상 나를 평가하고 욕하는 것 같다."

"사람들이 반대할까 봐 두렵다."

2 자신이 왜 그렇게 생각하는지 살펴본다.

적은 내용을 찬찬히 읽어보면서 자신이 왜 이런 생각을 하게 되었는지 깊이 고민해본다. 그것이 진실이라고 믿는 자신을 의심해보는 단계다.

거기에는 무언가 원인이 있을 것이기 때문이다.

"졸업식 때 전교생 앞에서 넘어져 크게 웃음을 산 적이 있다."

→ 자신은 항상 남 앞에서 큰 실수를 저지르므로 사람을 사귀기 힘들다.

"따돌림을 당하고, 외모에 대해 심하게 놀림을 받았다."

→ 자신은 매력적이지 않고, 어딜 가든 놀림을 당한다.

"엄마는 감정 기복이 심하고, 내가 뭘 하든 화를 냈다."

→ 자신은 늘 남을 화나게 한다.

이처럼 다양한 일이 떠오를지 모른다. 다만, 과거의 괴로운 경험을 떠올려 그대로 침울해하지 않도록 주의한다. 가능한 한 의식적으로 즐기면서 자기 생각을 찬찬히 들여다본다.

보물찾기하듯 두근두근한 마음으로
흥미롭게 자기 생각을 살핀다.

자신을 비하하거나 주눅들 필요는 전혀 없다.

어쨌든 흥미롭게 즐기는 것이 중요하다.

그러면 놀랍게도 "어머나, 내가 이런 생각을 하고 있었구나."

"이건 사실과 다른데?" 하고 자기 생각을 따뜻한 시선으로 바라

볼 수 있게 된다.

이것이 가능해지면 마지막 단계로 넘어간다.

3 **고마워한 다음, 버린다.**

생각이 필름에 새겨져 있고 영사기가 그것을 스크린에 비추므로, 현실은 괴로운 경험에 휘둘린다.

앞에서 말했듯이 현실은 어제까지의 경험과 생각으로 완성된다. 이 생각을 깨달으면, 전제를 다시 쓸 수 있다.

하지만 단지 생각을 떠올리기만 해서는 안 된다.
과거를 증오해도 안 된다.

여기에서 중요하게 생각할 것이 있다.

지금까지 가지고 있던 전제 즉, '이제 더는 필요하지 않은 그 생각'은 괴로운 일이 일어났던 당시에는 자신을 지키는 수단이었다는 사실이다. 따라서 그 생각에 최대한 경의를 표한다.

예를 들어 자신이 어릴 적에 엄마는 늘 감정 기복이 심하고 예민했다. 그래서 자신은 엄마의 비위를 맞추고 엄마의 상태를 관찰하며 혼나지 않도록 최대한 주의를 기울였다.

이것이 자신의 전제로 굳어져 어른이 되어서도 '세심히 주의를 기울여 남의 눈을 피하면 혼나지 않을 거야.' 하고 생각하게 되었다. 그런데 이제 더는 눈앞에 엄마가 없다. 그래서 관계를 맺는 모든 사람에게 '엄마의 가면'을 씌우고, 제멋대로 두려워하며 조심히 주의를 기울여 그들이 화내지 않도록 노력한다.

하지만 최종적으로는 '그래도 역시 화낼 거야.' 하는 전제가 있으므로, 결국 상대를 화나게 하는 일이 벌어지고 만다.

아아, 이래서야 너무 슬프지 않은가?

하지만 이런 행동은 어릴 적 무서운 엄마와 살아가기 위해 필사적으로 생각해낸 자신을 지키는 기술이다. 이 수법을 어른이 된 지금도 계속 사용하고 있다.

그러니 먼저 이를 깨닫고 감사하자.

"그 생각은 과거의 나에게 꼭 필요했어. 그때 그렇게 열심히 나를 지켜줘서 고마워." 하고 스스로 자신을 최대한 칭찬하고 위로해준다. 그다음에 "이제 더는 필요 없어." 하고 버린다.

고마워한 다음, 버리기.

가능한 한 가볍게, 웃는 얼굴로.

눈앞의 현실을 바꾸는 3단계 방법은 매우 효과적이다.

꼭 시험해보길 바란다.

'포기하지 않기'를 전제로 하여 생각한다

자라온 환경과 새겨진 전제를 바꾸려면 용기가 필요하고, 전제를 바꿔나가는 과정에서 힘들거나 마주하기 두렵다고 느끼는 순간도 있을지 모른다.

하지만 내가 전하는 모든 조언은 언제나 '포기하지 않기'를 전제로 한다. 이는 내가 블로그를 쓰거나 모든 상담을 할 때 취하는 기본자세이기도 하다. 실제로 사면초가에 빠졌거나 앞이 깜깜해 길이 보이지 않을 때도 포기할 이유가 전혀 없다.

지금까지 꽉 움켜쥐고 있던 전제를 바탕으로 인생의 많은 시간을 보냈고 이제까지의 인생은 그 전제를 증명할 증거를 모으는 여정이었으므로 현실을 바꾸기는 분명 쉽지 않을 것이다.

하지만 나는 '자라온 환경이 그러니까 어쩔 수 없지.' '애정을 못 받고 자랐으니 앞으로도 행복할 수 없어.' 하고 지레 포기하는 것은 잘못되었다고 생각한다. 물론 포기하는 것은 자유이므로, 포기하고 싶다면 포기해도 상관없다.

하지만 나는 포기하지 않아서 잘했다고 말해주고 싶다. 포기해도 물론 괜찮다. 어떤 선택을 해도 본인은 다이아몬드다. 이 사실만 기억해준다면 정말 기쁘겠다.

걱정이란,
사실 최고의 '면죄부'

 "낯가림이 심해서 걱정이에요."

 "돈이 없어서 너무 불안해요."

 "부모님에게 사랑받지 못해서
괴로워요."

 "편하네요. 걱정한다는 건 사실
아무것도 하지 않아도 되는
거니까 참 쉽죠."

밤잠을 못 이루는 사람은 땅에 얽매여 있는 영혼

밤늦게까지 잠을 이루지 못할 때가 있다. 잠을 이루지 못하는 이유는 오늘 하루가 만족스럽지 않았기 때문이다.

밤이 되어서야 초조해져 뭔가를 시작하거나 언제까지고 인터넷을 뒤적이면서 오늘 하루를 되돌리고 싶어 안절부절못한다.

이처럼
밤잠을 못 이루는 사람은
성불하지 못한 얽매인 영혼이다.

사람이 죽어 저승으로 가지 못하는 영혼(지박령)에게는 못다 한 일이 남아있다. 못다 한 일이 남아있는 이유는 생전에 매 순간을 충실히 살지 않았기 때문이다.

살아있을 때 매 순간 최선을 다해 살지 않았는데 갑자기 죽으면 후회가 남지 않겠는가?

밤잠을 못 이루는 사람도 이와 마찬가지다.

그래서 지금의 현실에서 도망치는 사람을 지박령(땅에 얽매여 있는 영혼)이라고 부른다. 지박령은 두 가지 유형으로 구분한다.

1 **비극의 주인공 유형의 지박령**

과거의 일만 반복해서 떠올리다가 죽은 '반복 기억 기능'이 있는 비극의 주인공 유형이다. "그때 이렇게 했었더라면." 하고 후회하며 매일 아무것도 하지 않는 날들이 이어진다.

2 **피해망상으로 지나치게 초조해하는 유형의 지박령**

미래의 일만 생각하다가 죽은 피해망상 유형이다. 어쨌든 앞일이 참을 수 없이 불안해 현재를 온전히 살지 못한다. 미래를 걱정하느라 오늘 아무것도 하지 못한다.

이 두 가지 유형에는 공통점이 있다.

생각이 과거와 미래로 날아가

지금 이 순간 아무것도 하지 않는다.

바꿔 말하면, '지금 아무것도 하고 싶지 않으므로' 과거와 미래를 이용해 현재를 방치한다. 자신을 돌멩이 취급하면서 과거와 미래 탓만 하고 있으면, 멋진 인생을 손에 넣을 기회를 계속 포기할 핑계가 생긴다.

"돈이 없어서." "시간이 부족해서." 하고 말하는 것도 마찬가지다. 돈이 없으면 하지 않아도 되는 일, 시간이 없으면 하지 않아도 되는 일이 많이 있다. 지박령이 되는 이유는 지박령으로 있을 때 자신이 득을 보기 때문이다.

늦은 시간까지 자지 않는 습관이 있는 사람은 그렇게 해서 자신이 무엇을 얻는지 생각해보길 바란다.

삐치는 것은
상대에 대한 폭력이다

 "아무도 나를 인정해주지 않아요."

 "음, 그렇군요."

 "이제 나 따위 어떻게 되든
상관없다는 거죠?"

 "앗, 삐쳤다."

멋대로 참고, 멋대로 폭발하는 사람에게

세상에는 참는 것을 미덕으로 생각하는 사람이 많다.

나리심리학에서 개최하는 심리 어드바이저 양성 강좌에서도 자주 이야기하고 나도 블로그에서 종종 언급하지만, 사실 참는 것은 엄청난 민폐다. 정말이지 "참는 건 민폐입니다!" 하고 간판이라도 내걸고 싶을 정도다.

"매일 밥하기 싫지만 하고 있어."

"빨래하기 정말 싫지만 하고 있어."

"토요일에 출근하기 싫지만 하고 있어."

"기분이 우울하지만 억지로 웃고 있어."

"내키지 않지만 대화에 참여하고 있어."

만약 지금 남편이나 애인, 자녀, 회사, 후배, 부모를 위해 참으며 하는 일이 있다고 해보자.

자신이 아무리 그 일을 싫어해도, 옆에서는 모두 본인이 원해서 한다고 생각한다. 분명히 말하지만 남이 자기 속마음까지 알아차려 주길 기대하는 건 무리다. '알아차려 주는 일 따위 없다'는 사실을 스스로 알아차려야 한다.

자신이 참고 있다는 사실은 아무도 모른다. 누구도 먼저 알아봐 주지 않는다. 그런데도 자신이 지금 참고 있다면, 결국 도달할 곳은 정해져 있다.

"내가 이렇게나 해줬는데!" 하고
제멋대로 폭발해 주변 사람을 놀라게 하는 것이다.

어느 날 갑자기 "나도 참고 노력하고 있단 말이야!" 하고 주장한들 주변 사람에게는 귀찮은 이야기로, "그럼 참지 않으면 되잖아." 하는 말을 듣는 게 고작이다.

자신은 '내 멋대로 살면 주변에 폐만 될 거야.' 하고 생각할지 모르지만, 사실은 그 반대다.

참는 것이 도리어 주변에 폐가 된다. 이 사실을 깨달을 필요가 있다. 더불어 스스로 자신을 업신여기고 있다는 사실도 알아야 한다.

누구도 자신에게 참으라고 강요할 수 없다. 세상에서 유일하게 자신에게 참으라고 말할 수 있는 존재가 있다면, 그것은 자신이다.

남에게 폐를 끼치고 싶지 않다면, 지금 당장 참기를 그만두고 자유롭게 자신이 원하는 일을 하면 된다. 자신이 하고 싶은 일을 하면서 사는 것이 주변을 위하는 길이다.

삐치는 폭력 앞에 있는 것은?

참는 것과 마찬가지로 성가신 행동이 '삐치는' 것이다. 삐치는 행동은 이런 구조로 되어 있다.

하나. 자신이 기분 나쁘다는 것을 상대에게 드러내서

둘. 상대가 죄책감을 느끼도록 해

셋. 억지로 자기 쪽을 보게 한다.

다시 말해,

삐치는 것은

상대를 조종하기 위한 폭력이다.

사실 이렇게 말하는 나도 토라지고 싶을 때가 있다.

예를 들어 SNS나 모바일 메신저에서 상대가 내가 보낸 메시지를 읽고도 답을 하지 않을 때가 있다. 이럴 때는 누구라도 마음이 싱숭생숭하고, 어수선하고, 불안하지 않나?

"아무도 나를 불러 주지 않아.

아무도 나를 필요로 하지 않아.

흑흑, 슬퍼.

그렇다면 삐쳐 주겠어!"

자, 이러면 대부분 미움을 받는다.

"어차피 나 따위 아무도 신경 쓰지 않잖아!"

하고 삐쳐 있으면, 상대방은

'아……이거 좀 귀찮은데…….'

하고 생각한다. 그러면 삐친 사람은 화가 난다. 그런데 이 화나는 감정 뒤에는 다른 감정이 숨어있다.

바로 '불안'이다.

불안을 느끼고 싶지 않아서
상대방 탓으로 돌려 화를 낸다.

삐쳐서라도 상대의 관심을 자기 쪽으로 돌리고 싶다. 그런데도 관심을 가져주지 않으면 불안해진다. 불안해지면 화가 난다.

이것이 삐치는 행동의 정체이자 진행 방식이다. 상대방 입장에서는 정말 성가시다.

하지만 삐치는 행동을 무조건 싫어한다고 해서 문제가 해결되진 않는다. 따라서 이제까지 삐쳐있던 자신을 탓할 필요는 없다. 그리고 지금 가까이에 있는 삐친 사람도 탓하지 않는다. 나아가 앞으로 삐치는 사람이 있어도 나무라지 않는다. 오히려 삐치고 싶어질 때는 다음과 같이 해본다.

1️⃣ 일단 철저히 삐친다.

억지로 억눌러서 제어될 감정이라면 애초에 삐칠 만한 일도 아니므로, 삐치고 싶을 땐 일단 철저히 삐친다.

2️⃣ 자신이 삐쳐있다는 사실을 깨닫는다.

철저히 삐친 뒤에는 "아! 나 지금 삐쳤어." 하고 스스로 깨닫는다. 불쾌한 기분이 든다면 지금 자신은 삐친 것이다.

3 **"나 지금 삐쳤어." 하고 상대에게 전한다.**

단, 감정적이 아니라 냉정해야 한다. 자신이 삐쳐있다는 사실을 말해 본다. 하지만 지금은 상대에게 전하는 것이 핵심이 아니다.

"나 지금 삐쳤어.

이건 내가 스스로 처리해야 할 감정이니까

잠깐만 기다려줘."

하는 의미다.

이것은

삐쳐있는 자신에게 항복하는 것

이기도 하다.

그리고 마지막으로,

4 **자신이 느끼는 불안을 관찰한다.**

삐친 이유 즉, 자신이 무엇에 불안을 느끼는지를 명확히 한다. 예를 들어 SNS나 메신저에서 상대방이 내 메시지를 읽고도 답을 하지 않아 삐쳐있을 때, 거기에 숨은 마음은 '내가 미움받고 있는 건 아닐까?' '누구도 나를 필요로 하지 않으면 어떡하지?'

하는 불안이다. 하지만 대부분 이런 불안은 쓸데없는 걱정이다.

이처럼 삐쳐있는 마음을 해소하는 4단계 방법을 시험해보면, 점차 자신이 삐칠 것 같은 순간이 언제인지 알게 된다.

'아, 나 지금 삐칠 것 같아! 그러니까 지금 나는 불안한 거야.'

하고 깨달으면 '뭐가 불안한 걸까?' 하고 먼저 생각할 수 있게 되면서, '괜찮아. 그런 일은 일어나지 않아.'라고 자신을 안심시킬 수 있다.

그러면,

이제 삐치지 않아도 괜찮아진다.

사람이 삐치는 이유, 토라지는 사람의 마음에 깃들어 있는 것, 그것은 고독이다. 고독하다고 사람이 죽진 않지만, 고독하면 죽고 싶어지는 것이 사람이다. 그리고 사람은 무시당하면 더 고독해진다.

누구나 '없는 사람'으로 취급받기를 두려워한다.

그것은 그대로 죽는 것과도 직결하지만, 죽음보다 고독이 더 두렵고 괴로우리라 생각한다.

　무시당하고 싶지 않고 고독해지고 싶지 않은 마음과 그에 대한 불안. 자신이 느끼는 이런 감정을 이해하기만 해도 마음은 안정을 되찾는다.

세상은
무슨 일이 있어도
어쨌든 '괜찮다'

"난 이제 틀렸어요. 불안하고,
너무 괴로워요."

"그렇군요. 그런데 작년에는
뭐 때문에 고민했었죠?"

"잊어버렸어요! 그보다 나리 씨
내 말 좀 들어봐요!"

"뭐, 내년에는 다 잊어버릴
거면서."

실수는 잘못을 인정하면 그뿐

요즘 사람들은 자주 사과한다. 마치 인사처럼 "실례합니다." 하고 말하거나, 원래 "고마워요." 하고 전해야 할 상황에서도 "미안해요." 하고 말한다.

그리고 그 사람 중에는 사과는 사람을 위축시키고 침울하게 한다고 이해하는 사람이 많다.

하지만 나는 본래 사과란 자기 잘못을 인정하고 그것을 전하는 행위일 뿐 그 이상도 이하도 아니라고 생각한다. 하물며 위축되거나 침울해하거나 자신을 비하할 필요는 전혀 없다.

나아가 한 가지 더 말해주고 싶다. 평소 실수가 두렵다는 말을 자주 듣는데, 이는 실수가 가치 없다고 착각하기 때문이다.

자신이 잘못했다는 생각이 들면

인정하고 사과한다. "잘못했어, 미안!" 이상.

이것으로 족하다.

그 외에 죄책감도, 자기부정도, 후회도, 반성도 필요 없다. 오히려 잘못했으니까 사과하면 그만인 일에 여러 가지 쓸데없는 생각을 갖다 붙여 복잡하게 생각하니까 사과하기가 더 힘들어진다.

사과하지 못하는 것은 실수를 두려워해서다. 무슨 일을 할 때 '절대로 실수하면 안 돼.' 하고 생각하니까, 처음부터 실수에만 초점을 맞춰 남의 평가를 신경 쓰고 자유롭게 즐기지 못한다.

나리심리학에서는 '절대로 질 수 없는 싸움을 하는 시점에서 이미 진 것'이라는 말을 자주 한다. 앞에서도 이야기했다시피 실수하면 안 된다고 경직되어 있으면, 큰 실수는 하지 않겠지만 제대로 잘 해내기도 힘들다.

절대로 지지 않을 유일한 방법은 아무것도 하지 않는 것이다. 그래서 실수를 두려워하는 사람은 자신이 행동할 수 없는 이유를 하나씩 찾아낸다.

그러면 '하지만' '그래도' 같은 변명만 늘어간다. 부디 잘 생각해보길 바란다.

실수 따위로 인간의 가치가 떨어지는 일은 절대로 없다.

걱정의 90%는 일어나지 않고, 일어나는 10%도 결국 괜찮다

원하는 일을 시작하지 못하는 사람, 늘 참기만 하는 사람은 대부분 자기 마음대로 살았을 때 일어날 '무언가'를 몹시 두려워한다.

자신이 하고 싶은 대로 행동했을 때의 위험을 지나치게 걱정해 아무것도 시작하지 못하는 일이 많다. 예를 들어, 다음과 같이 걱정한다고 해보자.

- 이혼하면 살 수 없다.
- 남자친구한테 차이면 끝장이다.
- 일을 그만두면 먹고살기 힘들다.
- 일 처리가 느리면 해고당할지 모른다.

- 저 사람은 틀림없이 나를 미워한다.

- 내 문자에 답장을 보내지 않을 것이다.

- 저 사람은 분명 이렇게 생각한다.

- 날 싫어하는 게 분명하다.

- 실패하면 나 따위 아무런 가치가 없다.

- 실수하면 비웃음을 살 것이다.

그런데 이들 중 90%는 일어나지도 않았다.

생각해보면, 자신이 두려워한 '무언가' 가 실제로 일어나지 않았던 적이 더 많지 않은가?

우리가 매일 두려워하는 일의 90%는

단순한 착각이고, 망상이다.

두려워하는 일의 90%는 일어나지 않는다. 일어나지도 않을 일을 상상하면서 불안을 키워나가고, 그 때문에 아무것도 할 수 없다니 정말 시시하지 않은가?

물론, 절대로 일어나지 않는다고 단언하긴 힘들다. 90%는 일어나지 않아도 나머지 10% 정도는 정말로 두려워하던 무언가가 일어날지도 모른다.

그런데 만약에 우려하던 모든 일이 정말로 다 일어났다면?

- 정말로 이혼했다.
- 정말로 남자친구한테 차였다.
- 정말로 일을 그만두었다.
- 정말로 해고당했다.
- 정말로 저 사람이 나를 미워한다.
- 정말로 문자에 답장을 받지 못했다.
- 정말로 저 사람이 이렇게 생각했다.
- 정말로 실패했다.
- 정말로 실수해서 비웃음을 샀다.

그 후에는 어떤 미래가 기다리고 있을까?

우려하던 모든 일이 일어났지만 '그래도' 괜찮았다.

이것 말고는 없다.

이제까지 인생에서 실제로 일어난 힘든 일들을 떠올려보자. 당시에는 전혀 괜찮지 않았을지 모르지만, 지금 시점에서도 괜찮지 않은 일은 거의 없다.

지금 자신이 아무리 불안에 시달리고 있어도, 혹은 실제로 무언가 불행한 사건의 소용돌이 속에 있어도, 미래의 자신이 보면 "뭐, 괜찮았어." 하고 말할 수 있다.

지금 자기 인생은 과거에 '일어나지 않아서 괜찮았던 일' 90%와 '일어났지만 괜찮았던 일' 10%로 이루어져 있다. 결국 뭘 하든 괜찮으니까, 자신이 좋아하는 일과 하고 싶은 일을 마음껏 하면 된다.

어차피 다 괜찮을 테니까.

인생을 바꾸는 것은
10년의 노력이 아니라,
하루의 용기

POST OFFICE
11.08.2020
NALI'S PSYCHOLOGY

 "실패하고 싶지 않으니까
　매일 열심히 노력해야 해요."

 "왜 실패하고 싶지 않죠?"

 "그게, 부끄럽잖아요."

 "성공하는 것보다 부끄럽지
　않은 게 더 중요하군요."

꿈을 이루는 최단 경로

꿈을 이루는 최단 경로가 있다. 용기를 내는 것이다. 세상에는 원하는 목적지에 도달하기 위해 '일반 경로'를 선택하는 노력 씨와 '최단 경로'를 선택하는 용기 씨가 있다.

즉, 갖고 싶은 것이나 하고 싶은 일이 있을 때 그것을 손에 넣기 위해 어떤 수단을 사용하는가. 이것이 노력 씨와 용기 씨의 차이다.

노력 씨는 "먼저 ①부터 하고, 이게 다 되면 ②를 하고, 그다음에 ③을 하고, 준비가 다 갖춰지면 그때 ④를 하자." 하고 한 발짝씩 차근차근 길을 밟아간다.

반면 용기 씨는 "자, 일단 ④부터 하자!" 하고 갑자기 발을 쭉

뻗는다. 그래서 꿈을 빨리 이룬다. 게다가 "일단 해보고, 실패하면 그건 그것대로 괜찮아." 하는 정도의 감각으로 행동하므로, 실패해도 크게 스트레스를 받지 않고 다른 방법을 찾거나 금세 또 하고 싶은 일을 발견한다.

노력하는 과정 자체가 목적인 사람은 물론 노력을 즐겨도 좋지만, 최종 목적지가 확실히 정해져 있다면 용기를 내는 편이 단연코 꿈을 이루기 쉽다.

10년 노력하기보다
하루 용기를 내는 편이 인생을 바꾼다.

그런데 무엇보다 노력 씨는 용기 씨가 왜 그렇게 엉뚱한 행동을 하는지 이해하지 못한다.

평소에 꾸준히 노력하는 노력 씨는 그것이 당연하다고 생각하므로, 목표를 이루기 위해 한 계단씩 차근차근 올라가기를 마다하지 않는다. 그래서 회사원이면서도 자격증 취득을 위해 이른 아침 지하철 안에서 공부하고, 업무 시작 전까지 공부하고, 점심시간에 밥 먹으면서 공부하고, 퇴근길에 카페에 들러 공부하고, 집에 돌아와서도 공부한다.

당연하다는 듯 그렇게 한다. 그것은 그 나름대로 훌륭한 일이기는 하다.

한편, 평소에 갑자기 용기를 내서 원하는 것을 바로 손에 넣으러 가는 사람은 일상적으로 아무렇지 않게 용기를 낼 수 있는 사람이므로, 자신이 용기를 내고 있다는 자각조차 없다.

왜 이렇게 차이가 날까?
그것은

실패를 대하는 자세가 다르기 때문이다.

노력 씨는 실패를 극도로 두려워한다. 그래서 '실패하면 큰일이니까, 하나부터 확실하게 차근차근 순서를 밟아나가야 해.' 하고 생각한다.

이런 차이는 자라온 환경에 큰 영향을 받는다. 여기서 말하는 환경은 매우 단순해서, 항상 노력해야 하는 환경이었는지 혹은 노력하지 않아도 괜찮은 환경이었는지를 가리킨다.

이렇게 말하면 "앗! 그럼 노력 씨인 나는 이제 바뀌긴 힘들겠구나." 하고 좌절하는 사람도 있겠지만, 그렇지 않다.

자라온 환경의 무엇이 노력 씨와 용기 씨를 만들어냈는지 이해하면 된다.

그것은 바로

"어쨌든 괜찮다." 하는 사실을

깨달았는지 깨닫지 못했는지의 차이다.

단지 그뿐이다.

그러므로 이제까지 계속 노력만 해온 사람은 의식해서 이렇게 해본다.

하나. 자신이 하고 싶은 일을 즐기면서 한다.

둘. 받아들일 수 있는 것은 모두 받아들인다. 혹은 자신이 먼저 적극적으로 받으러 간다.

작은 일부터 시작해도 좋다. 어쨌든 "의외로 괜찮은걸?" 하는 경험을 쌓아나간다. 일이 잘 풀리면 "야호! 좋았어!" 하고 호들갑스럽게 기뻐하며 받아들이고, 실패하면 "아, 실패했네." 하고 가볍게 웃어넘기면 그만이다.

이를 의식적으로 반복하면 노력 씨 안에서 서서히 용기 씨가 얼굴을 내민다.

여기서 핵심은

"실패해도 괜찮다."

하고 이해하는 것이다. 앞에서도 말했듯이 이해하기만 해도 인생은 바뀐다.

이제까지 수없이 실패했어도 인생은 별 탈이 없었다는 사실을 먼저 머리로 이해한 뒤 실제로 도전해본다. "실패해도 정말 괜찮구나." 하는 체험을 몇 번이고 반복해도 좋다.

이를 위해 나리심리학의 진수이기도 한 '평가하기를 멈추는 것'이 중요하다. 남에 대해 평가하기를 멈추면, 남의 실패를 용서하고 자신의 실패도 웃어넘길 수 있다.

평가란 매사를 '좋고 나쁨' '옳고 그름' '귀하고 천함' 등으로 판단하여

- 촌스럽다.
- 꼴사납다.
- 비참하다.
- 불행하다.
- 불쌍하다.
- 유감이다.
- 끝났다.
- 바보 같다.

하고 일방적으로 단정 짓는 것이다. 일단 이러한 평가를 멈추도록 의식한다. 그러면 꿈이 이루어지는 속도가 놀랄 만큼 빨라진다.

사람이 남을 평가하는 이유는 불안해서다. 남을 업신여겨 자신을 정당화하려 한다.

그래서 '지배적인 사람, 고압적인 사람, 늘 부정만 하는 사람, 위에서 내려다보는 사람, 조언하길 좋아하는 사람, 자만하는 사람'은 스스로 전혀 자각하지 못할지도 모르지만 – 아니, 분명 자각하지 못하리라 생각하지만 – 사실 불안하고 또 불안해서 어쩔 수 없이 필사적으로 '자기방어'를 한다. 남을 위에서 내려다보며 계속 평가한다. 참으로 귀엽지 않은가? 나리심리학에서는 이런 사람을 치와와라고 부른다. 작고 귀여워서 치와와 같으니까. 하하.

남을 평가하는 사람은 '나도 남에게 평가받지 않을까?' 하고 두려워한다. 그래서 자유롭게 행동하지 못한다.

남을 평가하는 행위는 남을 바보 취급하는 것이다. 남의 시선을 신경 쓰는 사람은 남을 평가하는 사람이다. 그러므로 남을 보고 평가하는 습관을 점차 줄여나가면, 자신도 남의 시선을 의식하지 않게 된다.

남을 바보 취급하는 일은 그만두자.

그러면 자신도 편하게 살 수 있고, 꿈을 이루는 속도도 훨씬 빨라진다.

사람은 자신이
보고 싶은 것만 본다

 "봤어요, 나리심리학 운세!"

 "어땠어요?!"

 "너무 잘 맞아서 놀랐어요!
이거야말로 딱 나라는 느낌?
어쩜 그렇게 잘 맞아요? 정말
깜짝 놀랐다니까요."

 "아, 그게……."

운세는 자기긍정을 위한 최강의 도구

☐ 1 JANUARY	너무 솔직한
☐ 2 FEBRUARY	천재적인
☐ 3 MARCH	정말 상냥한
☐ 4 APRIL	행동력이 뛰어난
☐ 5 MAY	매우 민감한
☐ 6 JUNE	유전자가 너무 좋아 사랑받는
☐ 7 JULY	남을 미소 짓게 하는
☐ 8 AUGUST	지금 이 순간을 최고로 즐기는
☐ 9 SEPTEMBER	남을 사로잡는 미학을 가진
☐ 10 OCTOBER	균형 감각이 우수한
☐ 11 NOVEMBER	높은 곳에서 모든 것을 내려보는
☐ 12 DECEMBER	낭만적인

DAY		DAY	
1	여배우	17	인플루언서
2	코미디언	18	아이돌
3	우주인	19	금전운이 있는 사람
4	멀티미디어 크리에이터	20	모두의 엄마
5	치료사	21	도전자
6	파워스폿(기운을 받는 장소)	22	사람의 모습을 한 신
7	공기청정기	23	사랑의 천사
8	CHANEL No.5	24	미의 여신
9	한 마리의 늑대	25	주술사
10	대표이사	26	역전 만루 홈런
11	다이아몬드	27	지배자
12	각본가	28	사랑받는 사람
13	파티피플~	29	혁명가
14	단거리 육상선수	30	부잣집 도련님(엄친아)
15	장거리 육상선수	31	예언가
16	사회자 · MC		

이것이 바로 폭발적인 인기를 끈 나리심리학 운세다. 어떤가?
잘 맞는가?

"이게 정말로 나야!"

"어머, 어쩜 이렇게 잘 맞아?"

이런 감상평이 물밀듯 밀려들어 그야말로 여기저기에서 화제가 되었다.

사실 이런 운세는 아무 잡지나 펼치면 볼 수 있고, 인터넷이나 신문 등에도 흔하다. 종류도 생일 운세, 혈액형 운세, 별자리 운세, 손금 운세 등 매우 다양하다.

물론 거기에 적힌 내용은 제각각이다. 그런데 어쩐 일인지 정말 신기하게도 "어머! 이거 딱 맞아!" 하고 놀랄 때가 있지 않나?

그 이유는

사람은 자신이 보고 싶은 것만 보기 때문이다.

이 책의 첫머리에서도 말했지만, 인생은 증거를 모으는 여행이다. 운세도 마찬가지다.

사람은 자기 전제에 들어맞는 증거만 찾아내므로, 자신을 다이아몬드라고 생각하는 사람이 운세를 보면 "와, 맞아! 역시 난 다이아몬드가 맞았어!" 하고 수긍하고, 혹여 부정적인 운세가 나오더라도 "나랑은 상관없어. 운세란 게 원래 맞을 리가 없잖아." 하고 무시한다.

반면에 자기긍정감이 낮아 자신을 돌멩이 취급하는 사람이 운세를 보면 "역시 만남이 이뤄지지 않는군. 이런, 돈 문제까지 있잖아." 하고 나쁜 운세만 하나하나 골라내 자기 일로 여긴다. 그리고 모처럼 좋은 운세가 나와도 "흥, 이렇게 좋은 일만 일어날 리가 없잖아." 하고 묵살한다.

과연 눈앞에 펼쳐진 현실은 자기 전제를 증명하기 위한 증거다. 운세 하나만 봐도 그렇지 않은가.

운세란 자기긍정감을 높이는 최고의 수단이다.
"야호! 좋은 일이 있을 거래!"
하고 좋은 운세만 받아들인다. 부정적인 운세는

즉시 잊어버려도 좋다.
마뜩잖은 일에 아까운 시간을 허비하지 않는다. 걱정하느라 시간을 낭비할 필요는 없다.

그리고……
한 가지 고백할 게 있는데,
나리심리학 운세는 내가 30분 만에 대충 끼적여 완성한 것이다.

  …… 후후(미, 미안합니다!).

  흠, 어쨌든

  운세는 자기긍정감을 높이는 데 사용해야 한다는 사실을 반드시 기억해두자.

당신은 선택받았다

나리심리학 운세의 내막을 공개한 김에 한 가지 더 추천하고 싶다. 바로 자신과 생일이 같은 사람을 조사해보는 것이다.

  유명인이나 연예인, 역사적 인물 중 자신과 생일이 같은 사람이 누가 있을까?

  예를 들어 나는 2월 20일생으로, 나가시마 시게오 전 프로야구 감독, 안토니오 이노키 전 프로레슬링 선수 겸 기업인, 코미디언 시무라 겐, 미국의 전설적인 록밴드 너바나의 멤버 커트 코베인 등과 생일이 같다.

  나는 중학생 때 처음 이 사실을 알았는데, '뭐야! 난 선택받은 인간이었어!' 하고 감격했던 그 순간을 지금도 잊지 못한다.

생일은 자신이 선택할 수 없다. 자신이 선택하지도 않았는데 '우와! 대단해!' 하고 느낀다. 이거야말로 정말 대단하지 않은가?

'자기 힘으로 어찌할 수 없는 일이 이미 대단한 일'이라는 사실은 불가항력적으로 자신을 긍정하게 한다. 이건 마치 태어나기 전부터 자신은 대단한 존재로 정해져 있었다고 말하는 듯하다.

이 외에도 위인과 별자리가 같거나, 유명인과 같은 학교 출신이거나, 연예인과 성씨가 같거나, 전생에 훌륭한 인물이었거나, 손금이 특이하거나, 물고기자리이거나(물고기자리는 특히 좋다고 알려져 있다) 등등 자신이 선택하지 않았지만 대단하다고 느낄 수 있는 것이 무엇이 있는지 하나씩 찾아보자.

참고로 내 성은 '다케다'인데, 초등학생 무렵부터 '내 성은 엄청나게 멋있는 것 같아!' 하고 멋대로 생각했고, 지금도 그렇게 생각한다.

그래서 일전에 나리심리학 강좌에서 "다케다는 정말 멋있는 성이죠?" 하고 자랑했는데, 어디에선가 "제 성은 일본에 가장 많이 있는 사토입니다!" 하는 목소리가 날아들었다.

그때 나는 "오호라! 일본에서 가장 많으니까 대단하다고 생각할 수 있겠구나!" 하고 깜짝 놀랐다. 일본에 가장 많은 성이라니, 과연 대단하다!

사토, 스즈키, 다카하시, 다나카……모두 멋지다!

스스로 선택하지 않았는데, 왠지 대단한 것.
자기 힘으로 하지 않았지만, 뭔가 엄청난 일.

찾아보면, 정말 재미있다!

4장

돈에 대한
불안이 사라진다

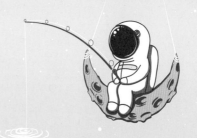

돈이 없어서
못 한다고 생각하는
일이 있는가?

"돈이 없어서 하고 싶은 일을
못 한다고 줄곧 생각해왔는데,
이제야 알았어요.
난 돈이 없다고 고민하는 게
그냥 편했던 거예요."

"드디어 깨달았군요!"

돈과 꿈의 유쾌한 관계

"돈이 없어서 하고 싶은 일을 할 수 없어요."
하는 고민을 자주 듣는다.

하지만 솔직히 말해서 나는 하고 싶은 일이 있으면 지금 당장 제멋대로 해버리면 그만일 뿐, 저 말 뒤에는 다른 속내가 숨어있다고 생각한다.

'돈이 없어서 하고 싶은 일을 할 수 없다'라는 말을 정확히 번역하면, '돈이 없어서 다행이다'라는 의미다.

구체적으로 설명하면 다음과 같다. 참고로 조금 충격적일 수도 있다.

"정말 다행이야, 돈이 없어서.

나도 알아, 지금 당장 내가 하고 싶은 일을 해도 아무 문제 없다는 거.

하지만 그렇게 원하는 대로 하기 시작하면, 남들 눈에 띌 테고 남들과 달라지겠지.

그래서 모두가 주목하게 되면, 실패했을 때 얼마나 부끄럽겠어?

그러니까 그냥 이대로 하고 싶은 일이 있어도 참으면서

평범하게 사는 편이 안심할 수 있어.

내가 원하는 일을 하기 위해 남의 시선을 무시하는 것보다

남의 시선을 신경 쓰고, 참고,

돈 탓으로 돌려버리는 게 훨씬 쉽고 편하잖아!

다들 그렇게 사는걸! 하하.

난 내일도 말할 거야!

돈이 없어서 하고 싶은 일을 할 수 없다고! 계속 말할 거야!

사실은 나도 전부 거짓말이라는 거 알지만……."

이것이 본심이다.

그러므로 만약 지금 자신이 "돈이 없어서 하고 싶은 일을 할

수 없어." 하고 말하고 있다면, 이제부터 자신이 원하는 일을 하지 않는 진짜 이유를 찾아보길 바란다.

'돈을 받아들이자'고 확실히 생각하고 있나?

사람은 대부분 돈을 갖고 싶어 한다. 그리고 그와 동시에 "왜 나한텐 돈이 들어오지 않을까?"라거나 "나한테 돈이 들어올 리가 없지." 하고 불평한다.

그것은

돈 이외의 것을

받아들여도 좋다고 결정하지 않았기 때문이다.

지금 수중에 가지고 있는 돈, 그것은 자신이 스스로 판단하는 자기 가치에 비례한다. 그리고 돈이란 자신이 받아들이겠다고 결정한 양만큼 들어오게 되어 있다.

돈의 흐름은 매우 단순하다.

이때 중요한 것이 '무엇을 받아들이기로 결정할까?' 하는 점이다. 그리고 여기에서는 돈뿐 아니라 돈 이외의 것도 모두 받아들이기로 결정해야 한다.

여기에서 모두는 자신에게 일어나는 모든 일을 의미한다.

"돈은 갖고 싶지만 실패의 위험을 무릅쓰긴 싫어." "돈은 원하지만 그에 따르는 귀찮은 일은 필요 없어." 하고 일어날 일을 피하려 하거나, 받아들일 것을 한정하여 "이건 갖고 싶은데, 저건 싫어." 하고 가려내면 돈은 들어오지 않는다.

언제든 품속에 돈만 쏙 들어오는 일은 없기 때문이다.

돈 이외의 것을 받아들이기 싫어하는 사람은 남을 계속 평가한다. 남을 평가하니까 자신도 남에게 평가받는다고 생각한다. "실패하기 싫어." "부끄러운 일은 피하고 싶어." "미움받고 싶지 않아." "무시당하기 싫어." "바보 취급받는 게 두려워." 하고 남의 시선을 지나치게 의식한 나머지 돈 이외의 것을 받아들이길 거부한다.

이처럼 받아들이길 거부하는 감정의 정체는 두려움이다.

그러므로 돈이 갖고 싶다면, 돈 이외의 것을 모두 받아들이기로 결정해야 한다. 돈은 모든 것을 받아들이기로 각오한 사람에게만 들어온다.

항상 돈이 빠듯한 사람의 전제

늘 돈이 부족해 생활이 빠듯하다고 말하는 사람이 있다. 여기에는 두 가지 억측이 존재한다.

하나는 '돈에 대한 설정'으로, 자신에게는 돈이 간당간당한 정도가 딱 적당하다고 생각한다.

다른 하나는 '걱정에 대한 설정'으로, 자신에게는 돈이 간당간당해서 걱정하는 정도가 딱 알맞다고 생각한다.

여기서 설정은 전제로 바꿔 말할 수 있다. 즉 자신은 항상 돈이 부족하고, 나아가 항상 그 부족함을 걱정한다고 전제한다. 이런 전제하에 살아가는 한 거기에는

늘 돈이 부족해서 싫어! 괴로워!

하는 현실만 나타난다.

그러면 이 전제는 어디에서 비롯되었을까? 대부분 '부모님을 보면서' '자기 멋대로' 설정한 것이다. 틀림없는 억측에 불과하다.

행복해지는 것에 대한 죄책감을 버려라

돈이 들어오지 않는다고 생각하는 사람은 주위를 한번 둘러보길 바란다.

주변에 돈 때문에 곤란해하는 사람이 있는가?

실제로 자기 주변에 돈 때문에 힘들어하거나 인생이 잘 풀리지 않아 고민하는 사람이 있으면, 마음이 여린 사람은 무의식중에 '나만 행복하면 안 돼.' 하고 생각한다.

이것이 바로 행복해지는 것에 대한 죄책감이다.

주변에 있는 불행한 사람의 존재가 마음이 여린 사람을 똑같이 불행하게 만든다. 마음이 여린 사람은 자신만 꿈을 이루고, 부자가 되고, 행복한 가정을 이루는 것에 죄책감을 느낀다.

사실은 지금 당장이라도 행복해지고 돈을 벌 수 있는데도 곤란한 척, 못하는 척, 괴로운 척, 문제가 있는 척한다.

불행으로 힘들어하는 사람이 안쓰러워서, 자신만 행복해지는 것이 면목 없어서 말이다. 하지만 이것은 완전히 쓸데없는 걱정이다.

나아가 친절에 대한 오해이고, 친절의 잘못된 사용법이다. 사실 이렇게 쓰고 있는 나도 나 자신만 행복해지는 것에 강한 죄책감을 느낀 적이 있다. 근래 일본의 평균 연봉이 400만 엔이다. 모두가 불경기라고 이야기하는 시기이고, 저학력자는 당연히 수입이 적다는 통계 자료까지 있는데, 사회의 밑바닥에 있는 내가 돈을 벌어 행복해진다는 것은 죄를 짓는 느낌이었다. 진심으로 그렇게 생각했다.

그래서 닥치는 대로 모금 활동을 펼쳐 자선을 베푸는 것으로 죄책감에서 벗어나려 했다.

설마 자신이 '행복해지는 것'과 '돈 버는 것'에 이렇게까지 죄책감을 가지리라고는 생각지도 못했다. 이러한 죄책감의 밑바탕에는 남에게 받는 평가가 아니라, 스스로 자신에게 내리는 평가와 두려움이 존재한다.

- "비정한 녀석이야."
- "야박하기 짝이 없어."
- "상냥함이라곤 없어."
- "정말 이기적이야."

스스로 자신을 이렇게 생각할까 봐 두렵다.

그래서 마음이 여린 사람은 행복해지거나 돈을 벌기가 힘들다. 이렇게 설명하면 "어?! 나도 마음이 여려서 죄책감을 느끼나 봐." 하고 조금 기뻐하는 사람이 있을지도 모른다. 사실은 나도 그랬다.

하지만 이제 깨달아야 한다. 그것은 자신의 다정함을 과시하는 것에 불과하다.

자기 멋대로 상대를 불쌍하다거나 불행해 보인다고 판단하는 것은 상대에게 매우 실례다. 잘 알지도 못하면서 남을 함부로 불행한 사람 취급하는 태도를 버리면, 자신도 행복을 받아들이기가 훨씬 쉬워진다.

돈은
의자 뺏기 게임이
아니다

 "저 사람만 저렇게 돈이 많다니
왠지 분해."

 "그렇다면 저 사람을
응원해줍시다!"

 "네? 응원이요? 왜요?"

 "부자를 응원하면 자기한테도
돈이 들어온대요."

돈이 흘러가게 하라

오랜 시간 나는 돈을 '빼앗는 것'으로 생각했다. 누군가 넉넉해지면, 그 대신 다른 누군가는 가난해진다. 돈은 총량이 일정하므로 파이를 나눠 먹듯, 의자 뺏기 게임을 하듯 누군가가 얻을 때 누군가는 잃는다고 믿었다.

하지만 그것이 완전히 착각이라는 사실을 깨달았다. 돈은 한 사람에게서 다른 사람에게로 흘러가며 모두를 풍요롭게 한다.

흘러가면 흘러갈수록 그 사이에 존재하는 더 많은 사람에게 풍요로움을 가져다준다. 이러한 멋진 구조를 깨달은 뒤에야 비로소 돈 버는 것에 대한 죄책감이 사라졌다.

예를 들어 돈이 흘러간다는 건 이런 느낌이다.

나리가 김 아무개에게 마사지를 받고 10만 원을 지급했다. 김 아무개는 10만 원을 받은 뒤 최 아무개에게 요가를 배우고 10만 원을 지급했다. 최 아무개는 10만 원을 받은 뒤 박 아무개에게 마사이족 역사를 배우고 10만 원을 지급했다. 박 아무개는 10만 원을 받은 뒤 나리에게 나리심리학을 배우고 10만 원을 지급했다.

결과적으로 나리는 마사지를 받았을 뿐 아니라 10만 원도 되찾았다.

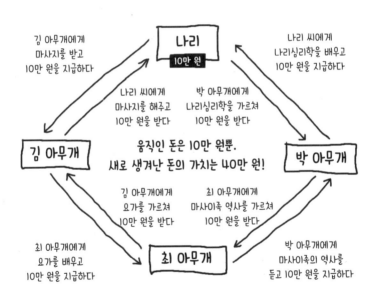

돈이 갖고 싶다는 말의 본질은 결국 풍요로움을 느끼고 싶다는 의미다. 풍요로움이란 다른 사람에게서 전해 받는다. 그러므로 돈의 흐름을 막지 않고 계속 흘러가게 하면서 풍요로움을 받아들이는 순환을 반복하는 한, 돈은 자신의 손을 몇 번이나 거쳐 가며 많은 풍요로움을 가져다준다.

그리고 자신이 설레는 일에 돈을 쓰면, 쓸 때마다 감사하는 마음이 솟아난다.

돈은 가지고 있지 말고,
흘러가게 해야 한다.

'돈 쓰는 건 즐거워!' '돈을 투자하고 싶을 만큼 나란 사람은 정말 멋있어!' 하고 생각하면, 돈을 흘러가게 하기가 더욱 쉬워진다.

돈이 좋아하는 사람이 되라

돈은 언제나 사람이 가져다준다. 그러므로 돈이 좋아하는 사람이란 사람에게 사랑받는 사람이다.

어떤 인상인지 떠올려 본다면,

"이번 여행에서 돌아갈 때

그 사람에게 선물을 사다 주고 싶어."

하고 생각하게 되는 사람에 가깝다.

구체적으로는 이런 느낌이다.

- 선물을 기쁘게 받는다.
- 기쁜 감정을 솔직하게 표현한다.
- 선물로 받은 과자를 맛있게 먹는다.
- 매우 즐거워 보인다.
- 다 같이 나눠 먹는다.
- 혼자서 독차지하지 않는다.
- 자신도 나중에 선물을 사 온다.

신기하게도 선물을 사 오지 않았다고 화내는 사람에게는 절대로 선물을 사주고 싶지 않다. 이와 마찬가지로 돈이 없다고 불평하는 사람에게는 절대로 돈이 들어오지 않는다.

돈이 없어도 화내지 않는다. 돈이 들어오면 한없이 기뻐한다. 이런 감각을 가진 사람에게 돈이 모여든다. 돈이 좋아하는 사람이란 불평하지 않고 늘 웃는 사람이다. 그러므로 일단 활짝 웃는 연습부터 시작하자.

돈 문제는
커피 한 잔 값으로
해결된다

 "아, 저 가방이 너무 갖고 싶어요."

 "그럼, 사면 되잖아요?"

 "……"

 "왜요?"

 "좋아, 결심했어! 돈은 없지만,
일단 주문하자!"

 "아니, 먼저 지갑부터 좀 확인해
봐요!"

지갑 안을 똑똑히 확인하자

돈이 없다고 고민하는 사람 중에는 가계부를 쓰지 않는 사람이 압도적으로 많으리라 생각한다. 소득이 많든 적든, 대부분 돈이 없는 사람은 자신이 가진 돈의 흐름을 눈으로 분명히 확인하지 않는다.

이것은 가계부를 쓰는 편이 좋겠다는 의미가 아니라,

겁이 나도 자신의 현재 상태를
정확히 파악하는 것이 중요하다는 의미다.

나도 경험으로 뼈저리게 통감한바 돈이 없을 때는 돈의 흐름을 보고 싶지 않다. 보고도 못 본 척 슬며시 지나친다. 무턱대고 돈을 써버린 뒤 극도의 불안을 느낀다. 이런 일이 반복된다.

지갑에 달랑 1만 원 밖에 없는데, 모르는 척 불고기를 먹으러 가는 식이다.

자신이 얼마나 가지고 있는지 확인할 용기가 없는 사람은 일상생활의 모든 부분에서 용기를 내지 못한다. 나도 예전에 그랬으므로 누구보다 잘 이해한다.

그러니 일단 용기를 내서,

자신이 얼마나 가지고 있는지 똑똑히 확인한다.

그리고 돈 때문에 불안해하는 겁쟁이 씨에게는 나만의 특급처방전을 추천한다. 이것은 주말에 노트와 펜을 가지고 카페에 가서 행하는 일종의 의식이다.

다른 일은 하지 않는다. 오로지 이 일을 위해서만 시간을 사용한다. 업무 중 쉬는 시간이나 누구를 기다릴 때 심심풀이로 하지 말고, 일부러 시간을 내서 카페에 가 모든 것을 차단한 채 행한다.

제대로만 하면, 카페 밖으로 한 발짝 내딛는 순간부터 자신의 인생이 바뀐다.

'돈이 없는 병'에 걸린 사람을 위한 처방전

1. 수입과 지출을 적는다.

2. 인생에서 하고 싶은 일을 적는다.

3. 그 일을 한다는 전제하에 일정을 짠다. (5~10년 단위)

4. 부모님이나 배우자에게 숨겨온 것을 모두 적는다.

5. 자신이 바보 취급하는 것을 적는다.

6. 허세와 자존심 때문에 하는 일을 적는다.

　하고 싶지 않으면 그만둔다.

7. 인생에서 소중한 것을 적는다.

8. 앞으로 인생에서 계속 함께하고 싶은 사람을 10명 적는다.

　그 모두에게 문자나 이메일, 편지, 전화로

　"앞으로 잘 부탁드립니다." 하고 인사한다.

9. 참고 있는 일을 적는다.

　당장 월요일부터 이것을 참지 않겠다고 결심한다.

　처음에는 사소한 일부터 시작해도 좋다.

10. 부모님과 배우자에게 숨겨온 것을 솔직하게 고백하고,

　"사랑해." 하고 전한다.

지금 자신의 상황을 명확히 하면 공포는 놀랄 만큼 줄어든다. 그리고 명확해지면 사람은 '앞으로 어떻게 하면 좋을지'를 생각하기 시작한다.

이렇게 커피 한 잔 값으로 인생이 바뀐다.

단, 이것은 진심으로 했을 때의 이야기다.

형체가 없는 것에 돈을 쓴다?

'형체가 있는 것에 돈을 쓰는 것'과 '형체가 없는 것에 돈을 쓰는 것' 중 어느 쪽에 저항감을 느끼는가?

형체가 있는 것은 문자 그대로 눈에 보이는 물건이다.

- 옷이나 가방, 모자를 산다.
- 차를 산다.
- 밥을 사 먹는다.
- 편의점에서 음료수를 산다.
- 회식비를 낸다.
- 컴퓨터나 책을 산다.

반면에 형체가 없는 것은 눈에 보이지 않는 것이다.

- 마사지를 받는다.
- 피부 관리실에 다닌다.
- 물리치료를 받는다.
- 치과에 간다.
- 교통비를 낸다.
- 축의금을 낸다.
- 영화나 연극을 본다.
- 콘서트를 관람한다.

사실 여기에는 한 가지 가치관이 숨어 있다.

형체가 있는 것에 돈을 쓸 때 저항감을 느끼는 사람은 형체가 있는 것으로 돈을 버는 데 저항감을 느끼고, 형체가 없는 것에 돈을 쓸 때 저항감을 느끼는 사람은 형체가 없는 것으로 돈을 버는 데 저항감을 느낀다.

예를 들어 심리치료사이면서 평소 형체가 없는 것에 돈을 잘 쓰지 못하면, 심리치료는 형체가 없는 것이므로 심리치료를 하고 돈을 받으면서 저항감과 죄책감을 느낀다. 돈을 받기가 힘든 것이다.

이는 내 경험담이기도 하다.

나는 마사지를 받거나 집세와 숙박비를 내는 등 형체가 없는 것에 돈을 쓰면 몹시 못마땅한 기분이 들었다. 하지만 내가 하는 심리치료도 형체가 없다. 자신이 돈을 쓰기 싫어하는 일에 대해 남에게는 돈을 내라고 하는 것이다. 당연히 돈을 받기가 힘들었고 상대에게 죄책감을 느꼈다.

그래서 내가 어떻게 했을까? 형체가 없는 것에 부지런히 돈을 쓰는 연습을 시작했다. 그러자 점차 형체가 없는 것에도 돈을 쓸 수 있다는 사실을 실감하게 되었고, 거부감과 죄책감이 줄어들었다.

반대 경우도 마찬가지다. 예를 들어 옷 파는 일을 하면서 정작 본인은 형체가 있는 물건에 돈을 쓰기 싫어한다면, 이제부터 형체가 있는 물건에 부지런히 돈을 쓰는 연습을 해본다.

특히 "정말로 돈을 쓸 가치가 있을까?" 하고 의문이 들거나 "와, 엄청 비싸!" 하고 놀랄 만한 일에 돈을 쓰다 보면, 돈을 쓰는 방식과 버는 방식이 모두 바뀐다.

돈을 쓰는 데에도 연습이 필요하다.

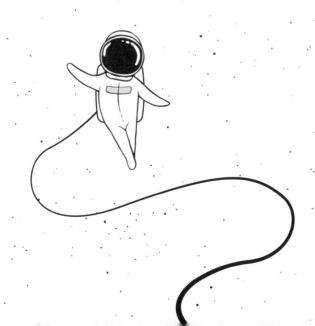

**마치
나리**

20대 초반에 나는 날마다 '왜 이렇게 인생이 괴로울까?' 하는 생각만 하고 살았다.

내 블로그를 읽었거나 지금의 나만 아는 사람이라면 분명 놀라겠지만, 나는 남의 시선을 매우 중요하게 생각했다. 남들이 무슨 생각을 하는지, 나를 어떻게 생각하는지만 걱정했다.

오로지 그 생각뿐이었다.

바보 취급당하지 않으려고 허세를 부리거나 인정받고 싶어 노력하는 데에만 급급했다.

그래서 심리학을 공부하기 시작했다.

"왜 이렇게 나는 남의 시선만 신경 쓸까?"

그 이유가 궁금했기 때문이다.

그리고

나는 남들을 보면서,

"저러면 안 되지."

"정말 꼴사나워."

"아, 불쌍해."

"너무 비참해."

하고 멋대로 단정 짓고 있다는 사실을 깨달았다.

이렇게 단정 짓는 것을 나리심리학에서는 평가한다고 말하는데, 당시 나는 항상 남을 평가했으므로 자신도 항상 주변 사람에게 평가받는다고 믿었다.

그래서 인생이 괴로웠다.

"남이 나에게 해서 싫은 일은

나도 남에게 하지 말고,

남이 나에게 해줘서 기쁜 일을 나도 남에게 해주자."

이런 말을 들어본 적이 있지 않나?

이 말에는 '자신이 느끼는 것과 남이 느끼는 것이 같다'는 전제가 깔려 있다. 그래서 나 역시 자신이 남을 평가하니까 남도 자신을 평가한다고 믿었던 것이다.

이를 깨닫고 정말 경악했다.

내가 남을 바보 취급해서

남도 나를 바보 취급할까 봐 두렵고 살기가 힘들다니,

너무도 충격적이어서 그 자리에서 무너져 내렸다.

그리고 먼저

"남을 바보 취급하지 않는다."

"남을 평가하지 않는다."

이 두 가지부터 실천하기로 했다.

그리고 사실 지금 이 글을 쓰면서는 '아, 이렇게 쉬운 것부터 시작했구나.' 싶어 새삼 놀랍다. 하지만 실제로 남을 바보 취급하지 않고 평가하지 않아보면 정말 재미있고, 이제까지 자신이 얼마나 남을 평가해왔는지 통감하게 된다.

이 두 가지를 의식하고 생활하는 것만으로도 내 인생은 한결 편해졌다.

남을 평가하기를 그만두면, 남에게 평가받는다는 의식도 줄어들어 실패와 실수를 두려워하지 않게 된다.

그러면 쓸데없이 허세를 부리는 일도 점차 없어진다.

나도 심리학을 공부하기 전에는 심리학이 왠지 어렵게만 느껴졌었는데, 사실 얻을 것은 단 하나로 충분하다고 생각한다.

중요한 것은 자신이 이해한 그 단 하나를 일생생활 속에 적용해보는 것이다. 그러므로 이 책을 선택한 독자 여러분이 책을 읽고 무언가 단 하나라도 이해하게 되었다면, 나는 매우 만족한다. 물론 아무것도 얻을 게 없었다고 해도 나는 계속 즐겁게 살아갈 것이다. 나는 다이아몬드니까!

같은 다이아몬드인 독자 여러분에게 끝까지 읽어주셔서 감사하다는 말씀을 전한다.

이제 정말 마지막으로 한 가지만 제안하고 싶다.

바로 '인생을 역산하는 것'이다.

80년을 산다고 가정했을 때, 80세부터 거꾸로 인생을 계산해본다.

앞으로 몇 년을 살까? 몇 번의 새해를 맞이할까? 몇 번의 여름과 몇 번의 크리스마스를 보낼까? 몇 번 고향에 내려가 부모님을 만날 수 있을까?

예를 들어 앞으로 내 인생은 50년 정도가 남았다. 그러니까 앞으로 맞이할 즐거운 크리스마스가 50번, 매년 한 번씩 세계유산을 보러 여행을 갈 기회가 50번이다.

고작 50번이다.

그런데 눈앞의 고민에 사로잡혀 괴로움에 몸부림치다 얼렁뚱땅 올해가 지나가 버리면 49번으로 줄어든다. 아, 정말 초조해서 견딜 수가 없다.

인생의 남은 시간 동안 무엇을 할지, 시간을 어떻게 배분할지 잘 고민해보길 바란다.

인생의 목적은 즐기는 것이지 참는 것이 아니다. 오감을 최대한 활용해 자신에게 즐거움을 줄 장면을 만들기 위해 노력해야 한다.

참고로, 자신에게 진정으로 즐거움을 주는 일이 무엇인지 판단할 방법이 있다. "혼자 무인도에 가서도 하고 싶은 일인가?" "남의 시선이 없는 곳에서도 정말로 그 일이 하고 싶은가?" 하고 질문해보는 것이다. 이를 기준으로 판단하면 의외로 쉽게 자신의 소망을 발견하게 될지 모른다.

인생을 마음껏 즐기기 위해, 앞으로의 인생을 역산해서 진정으로 자신이 하고 싶은 일을 확인하고 용기를 내 도전한다.

같이 해보지 않겠는가?

당신이라는 다이아몬드가 영원히 빛나길 바라며
나리가

이름/NAME

내 나이 ⬚ 세

80세까지 앞으로 ⬚ 년

남아있는 여름의 횟수는 ⬚ 회

남아있는 크리스마스 횟수는 ⬚ 회

인생을 역산해보고 꼭 하고 싶은 일

⬚

어떤 일이든 할 수 있습니다!

지금 당신이 무인도(남의 시선이 없는 곳)에 가서 하고 싶은 일

⬚

이것이 당신이 정말로 하고 싶은 일!

세상은 무슨 일이 있어도, 어쨌든 '괜찮다'

당신, 뭐야?

あなた何様?

초판 1쇄 발행 2018년 11월 29일
초판 2쇄 발행 2018년 12월 5일

지은이 나리
옮긴이 김한결

펴낸이 최남식
마케팅 전현영, 고광정, 김을섭, 최병호

펴낸곳 오리진하우스 **출판등록** 2010년 3월 23일 제313-2010-87호
주 소 인천광역시 서구 고산후로121번안길 28 , 206호
전 화 02-335-6612   **팩 스** 0303-3440-6612
이메일 originhouse@naver.com
블로그 blog.naver.com/originhouse

한국어판 출판권ⓒ오리진하우스, 2018
ISBN 979-11-88128-10-5 03180 : ₩13000

이 도서의 국립중앙도서관 출판예정도서목록(CIP)은 서지정보유통지원시스템
홈페이지(http://seoji.nl.go.kr)와 국가자료공동목록시스템(http://www.nl.go.kr
/kolisnet)에서 이용하실 수 있습니다.(CIP제어번호: CIP2018037570)